新时期国际贸易理论及发展研究

贺慧芳 著

地 质 出 版 社

·北 京·

图书在版编目（CIP）数据

新时期国际贸易理论及发展研究 / 贺慧芳著.-- 北京：地质出版社，2018.7（2025.1重印）

ISBN 978-7-116-11094-6

Ⅰ.①新… Ⅱ.①贺… Ⅲ.①国际贸易—研究 Ⅳ.①F74

中国版本图书馆 CIP 数据核字(2018)第 160616 号

XINSHIQI GUOJI MAOYI LILUN JI FAZHAN YANJIU

责任编辑：王雪静　张颖
责任校对：王洪强
出版发行：地质出版社
社址邮编：北京市海淀区学院路 31 号，100083
电　　话：(010)66554542(编辑部)
网　　址：http//:www.gph.com.cn
传　　真：(010)66554577
印　　刷：北京大地彩印有限公司
开　　本：787mm×1092mm　1/16
印　　张：13.25
字　　数：203 千字
版　　次：2018 年 7 月北京第 1 版
印　　次：2025 年 1 月北京第 2 次印刷
定　　价：48.00 元
书　　号：ISBN978-7-116-11094-6

(如对本书有建议或意见，敬请致电本社；如本书有印装问题，本社负责调换)

前　言

国际贸易是国际间经济交往最主要的方式，它促进了国际分工和世界市场的形成，也推动了各国经济和世界经济的发展。国际贸易作为国际分工的纽带，无疑是各国间在经济、科学、技术、文化等方面彼此联系、相互交往的最基本和最重要的形式之一。在当今世界上，各行各业以及各行各业的管理者、生产者和消费者，都与国际贸易有着千丝万缕的关系，对于自觉或不自觉地被吸纳在国际分工体系中的国家来说，一旦离开贸易，就势必难以维持现代生产和文明生活。

改革开放以来，中国国际贸易发展迅速，在对外经济、贸易与合作各个领域都取得了巨大的成就，外贸进出口以年平均 9.6% 的速度迅猛增长。2013 年，我国货物进出口总额达到 4.16 万亿美元，一举成为世界第一货物贸易大国，也是首个货物贸易总额超过 4 万亿美元的国家。可以预见的是，我国的国际贸易未来必将继续蓬勃发展，并对区域经济和世界经济产生深远而重大的影响。在此背景下，为了帮助我国企业更好地了解和掌握国际贸易的有关知识，提高我国企业对国际贸易的认识和理解，造就一批精通国际贸易的专业从业人员，促进我国国际贸易的稳步发展，作者以当前国际贸易实务为基础，对多年的研究心得与实践成果进行了整理总结，创作了本书。

本书共分七章对当代的国际贸易理论与实务进行了分析与研究：第一章介绍了国际贸易的基础理论知识和几个基本概念；第二章对国际贸易传统理论及新理论进行了分析；第三章剖析了国际贸易政策的相关实质及历史演变；第四章对关税措施进行了深入的分析与研究；第五章主要对当前国际服务贸易的发展及其格局进行了分析；第六章主要分析研究了当前国际金融风险及其监督控制；第七章分析了当前国际贸易中区域经济一体化的相关内容。

本书在创作上主要有三个方面的特点：第一，从国际贸易实际角度出发，分析研究了相关的国际贸易理论及实践，对实践具有较强的指导意义；第二，本书以当前最新的国际贸易理论为指导，以当前国际贸易的实际状况为基础，融入了很多具有时代气息的内容；第三，本书不仅包括国际贸易理论研究，还对当前国际贸易实务进行了分析与剖析，不仅包含经典贸易理论与实务内容，也包括一些国际贸易形势的分析，有助于对国际贸易进行深入的认识。

本书参考引用了很多同行专家和研究学者的数据和资料，已在参考文献中列出，如有遗漏，请指出。在此，对这些专家和学者表示衷心的感谢！由于水平所限，书中恐存在某些不足疏漏之处，敬请广大读者和各位同行批评指正。

作　者

2018 年 6 月

目　　录

第一章　新形势下国际贸易的发展

第一节　国际贸易的概述

一、国际贸易的发展演变

(一) 奴隶社会的国际贸易

在奴隶社会时期，自然经济占据主导地位，人们的生产主要是为了满足自身需要，几乎没有可以用来交换的产品。再加上交通工具简陋、通讯不发达，对外贸易的范围受到限制，人们交换产品的活动也有一定的局限性。

奴隶社会时期从事国际贸易的国家主要有腓尼基、希腊、罗马等，这些国家主要集中在地中海东部和黑海沿岸地区，从事贩运贸易。我国在夏商时代进入奴隶社会，贸易集中在黄河沿岸。

奴隶社会进行的国际贸易主要为奴隶主服务。奴隶主占有生产资料和奴隶，当时，奴隶主拥有的奴隶是其财富的重要组成部分，从奴隶社会国际贸易的商品构成来看，奴隶是最主要的贸易商品，宝石、香料、各种装饰品等也是主要的贸易商品。

总的来说，奴隶社会商品生产数量少，能用来进行国际交换的商品更少，对外贸易的范围也少，通常仅限于在邻国之间进行。但是，尽管如此，有限的国际贸易对商品经济的发展还是起了一定的推动作用，尤其促进了手工业的发展。

(二) 封建社会的国际贸易

人类社会由奴隶社会进入封建社会后，商品经济进一步发展，极大地推动了国际贸易的发展，国际贸易也由最初的以物易物贸易形式，转化为以货币交易的形式，交通工具的改进和马车的出现，使国际贸易更趋活跃，国际贸易的规模、范围也在不断地扩大。

中世纪，欧洲国家普遍实行封建制度，国际贸易有了较大发展。在欧洲封建社会的早期，国际贸易活动很少，其中心位于地中海东部，除了盐、酒之类必需品交易外就是买卖奴隶；到封建社会的中期，商品生产取得了一定进展，加之基督教在西欧已十分盛行，教会通过促进国际贸易的发展来获取和维护自身利益；11 世纪以后，随着意大利北部和波罗的海沿岸城市的兴起，国际贸易的范围扩大到了地中海、北海、波罗的海和黑海沿岸；封建社会后期，随着城市的兴起和城市手工业的发展，推动了国际贸易的进一步发展，交易品已从香料和奢侈品扩展到呢绒、葡萄酒、羊毛和金属制品等。

亚洲各国之间的贸易由近海逐渐扩展到远洋。早在西汉时期，中国就开辟了陆路丝绸之路，从长安经中亚通往西亚和欧洲，主要贸易商品为中国的茶叶、丝绸、瓷器以及西方的种子、良马、药材和饰品等，这条商路是中西交流之路。唐代进一步扩展了通往波斯湾以及朝鲜和日本等国的海上贸易；宋、元时期，造船技术、航海技术取得进步，海上贸易进一步发展；明永乐年间，郑和曾率领商船队 7 次下"西洋"，经东南亚、印度洋到达非洲东岸，先后访问了 30 多个国家，用丝绸、茶叶、瓷器等换回了香料、象牙、药材等。

然而，封建社会自给自足的自然经济仍然占统治地位，社会分工和商品经济仍不发达，能够进入商品流通的只有少量剩余农产品、土特产品和手工业品。对外贸易在各国国民经济中还不占重要地位，对各国经济的发展没有显著影响，通过贸易往来，主要是实现了各国之间的经济文化交流。

(三) 资本主义社会的国际贸易

资本主义生产方式的建立与发展对国际贸易的发展起了推动作用。马克思曾经指出："对外贸易的扩大，虽然在资本主义生产方式的幼年时期是这种生产方式的基础，但在资本主义生产方式的发展中，由于这种生产方式的内在必然性，由于这种生产方式要求不断扩大市场，它成为这种方式本身的产物。"马克思这一科学论断，揭示了国际贸易与资本主义生产方式之间的本质联系。与封建制度不同，资本主义制度在本质上具有扩张性。资本的无限扩张决定它必须以大规模生产为前提，同时也必须以大规模的销售为前提。在资本主义形成以前，国际贸易为资本主义生产方式的产生提供了必要的劳动力、资本和市场，帮助完成了资本的原始积累，这是基础。在资本主义生产方式确立后，由资本主义制度的本质所决定，国际贸易成了这种生产方式的产物，这在近代表现尤为突出。

地理上的新发现和主要资本主义国家产业革命的完成，使国际贸易迅速发展。贸易规模、贸易商品种类、贸易地理范围以及贸易在各国国民经济中的地位，都得到了空前的扩大和提高。

在资本主义生产方式准备时期，1492 年，意大利航海家克里斯托弗·哥伦布横渡大西洋，发现了美洲大陆；1498 年，葡萄牙的瓦斯哥·达·迦马绕过南非的好望角发现了到达印度的新航线。这两个重大发现，使欧洲的对外贸易在地理范围上扩大了。在此之前，欧洲国际贸易的地理范围主要集中在地中海、北海、波罗的海，与亚洲的贸易主要是通过阿拉伯商人间接进行的。在地理大发现之后，欧洲对外贸易的范围就直接扩大到大西洋彼岸的美洲和亚洲的印度、中国。当时，大量的欧洲商人涌向这些地区，用武力和欺骗手段，进行海盗式的、掠夺性的贸易，并且占领这些国家和地区，使这些国家和地区沦为他们的殖民地。欧洲的几个主要贸易国家为了争夺海上的贸易霸权，曾经进行过几次商业战争，几个主要贸易国家也因此而经历了几度兴衰。随着几个主要贸易国家的兴衰，国际贸易的中心也曾多次转移。最初，由于西班牙、葡萄牙的兴起，使得比利牛斯半岛诸城市成为国际贸易的中心；此后，荷兰兴起，安特卫普和阿姆斯特丹取代了前者，成了国际贸易的中心；到 17 世纪时，英国取得了国际贸易的霸权，伦敦成为国际贸易的中心。

18 世纪后半期和 19 世纪，资本主义国家相继发生并完成了产业革命。产业革命促进了国际贸易的迅速发展。所谓产业革命，是以机器为主的工厂制度代替以手工技术为基础的手工工场制的革命。它既是一场技术革命，又是一场生产关系的变革。这次产业革命是 18 世纪 60 年代在英国棉纺织业首先开始的，哈格里沃斯发明的珍妮纺织机、瓦特研制的蒸汽机，在这次技术革命中起了突出的作用。英国的产业革命在 19 世纪 30 年代基本完成。继英国之后，法国在 19 世纪初开始产业革命，60 年代末基本完成，之后，美国、德国、日本也相继开展并完成了产业革命。

随着蒸汽机的出现和应用范围的扩大，特别是机器制造业的形成，使机械化生产遍及了工业、交通运输业、采矿业等部门，改变了整个工业生产的面貌。机器大工业的建立，迅速提高了社会生产力，极大地丰富了社会产品，这就为国际贸易奠定了物质基础。另外，交通运输和通信联络工具有了很大进步，火车代替了马车，轮船代替了帆船。这些都使得运费降低、运输时间减少，这实际上就等于缩短了各国之间的地理距离，使过去不可能的国际贸易成为可能。

从 1850—1913 年的 63 年间，世界工业生产增加了 10 倍，国际贸易量也增加了 10 倍。产业革命使世界经济得到了迅速发展，也使国际贸易得到了迅速发展。

从总的情况看，资本主义社会与封建社会相比较，国际贸易无论内容还是形式，都发生了显著变化。具体讲，这些变化主要表现为以下几个方面：(1)贸易的商品种类已不像封建社会那样只限于少量的奢侈消费品，而是品种越来越多，工业品、原料、谷物也成为大宗的贸易商品；(2)国家之间为了把贸易渠道稳定下来，以便使经常贸易有所保证，或为了争取到贸易对方国的优惠待遇，国与国之间签订贸易条约、贸易协定等协议形式也普遍发展起来；(3)由于国际贸易的日益频繁，开始出现了为国际贸易服务的运输、保险、借贷金融等专业化企业；(4)贸易方式由过去的现场看货成交，发展成为凭样品成交。

(四) 第二次世界大战后国际贸易的发展

1. 国际贸易增长速度明显超过世界经济增长速度

第二次世界大战前，国际贸易增长速度较低；第二次世界大战后，国际环境趋于稳定，国际贸易增长速度大大超过整体经济增长速度。世界经济年平均增长速度在 20 世纪 60 年代为 5%，70 年代为 4%，80 年代为 3%，1948—1999 年为

3.64%。而国际贸易的平均增长速度，自 1965 年起至 20 世纪 80 年代中期保持在 10%左右，1948—1999 年为 5.78%。虽然 70 年代出现两次石油危机，但并未影响国际贸易的高速增长。1980 年比 1970 年国际贸易总出口额增长 5.3 倍，平均每年递增 20.2%，成为国际贸易增长最快的时期。

2．服务贸易增长速度明显超过货物贸易增长速度

"服务贸易"一词的出现不过 30 年的时间，但其中包含的某些服务要素的交换却有着悠久的历史。从历史上看，服务的交换和贸易随着货物贸易的产生而问世，并随着货物贸易的发展而不断壮大。但是，从 19 世纪 70 年代开始，服务贸易超越货物贸易以更快的速度增长。1970—2005 年，世界货物贸易出口额由 3145 亿美元增加到 103224 亿美元，增长了 32.8 倍，而国际服务贸易出口额则由 710 亿美元增长到 24980 亿美元，增长了 35.2 倍。

3．多边贸易组织的作用不断扩大

世界贸易组织的前身是关贸总协定。在关贸总协定存在的 46 年间(1948—1994 年)，经过 8 轮谈判，尤其是乌拉圭回合，大大扫除了国际贸易中的障碍，明显降低了各国的关税，使发达国家的平均关税降至 1%~3%，发展中国家的平均关税降至 13%~15%，有力地促进了国际贸易的发展。在关贸总协定的基础上，1995 年成立的世界贸易组织在促进国际贸易发展方面更加有效。

经济全球化组织是多边贸易组织的另一种形式，它在推动本地区贸易和投资自由化方面取得了实质性进展。特别是 20 世纪 90 年代，无论是发达国家还是发展中国家的经济全球化组织，其区域内的贸易和投资增长速度都超过了区域外的增长，成为推动世界贸易增长的重要因素之一。

4．跨国公司及其国际贸易迅猛发展

跨国公司间的贸易以及公司内部的贸易目前占整个国际贸易总额的 70%以上，国际贸易越来越演变为跨国公司的贸易。跨国公司一般都将贸易与投资二者并举，只不过不同时期有不同的侧重点而已。当遇到贸易壁垒或母国制造成本太高时，

它就更多地向外投资，以绕过贸易壁垒或寻求产品的低成本，在这种情况下，投资就代替了贸易；反之，则更多地发展贸易。因此，不能独立考察贸易与投资，必须将二者结合起来。

5．高科技产品的国际贸易比重不断上升

以微电子信息技术、生物工程为代表的新的科技革命和产业革命正在迅速崛起，它们的成果已经渗透到社会经济生活的各个方面。如电子银行、电子货币、电子商务以及众多的转基因生物。由于这种高科技成果的出现，国际贸易的商品结构正在发生重大的变化。

二、国际贸易基本内涵

（一）国际贸易与对外贸易

国际贸易也称世界贸易，是指世界各国(或地区)之间商品交换的活动，既包括货物交换，也包括服务交换。对外贸易是指一国或一个地区(独立关税区)同别国或地区(独立关税区)所进行的商品交换活动，这里所说的商品包括货物和服务。有时，在一些岛国或地区也称海外贸易，如英国、日本和中国台湾地区。

国际贸易是从整个世界的角度来考察各国或地区之间的贸易活动，而对外贸易则是从一个国家或地区的角度出发去考察它与别国或地区之间的贸易活动。国际贸易与对外贸易均包括货物和服务贸易。出于历史的原因，以前甚至目前仍有一些国家或地区的对外贸易统计不含服务贸易。

（二）对外贸易额和国际贸易额

对外贸易额是指一国或一个地区在一定时期内的全部进口和出口商品的总值，也就是一国的商品进出口总额，或以金额表示的一国的对外贸易，它是反映一国或一个地区对外贸易规模的重要指标。国际贸易额是指世界各国或地区在一定时期内的出口额或进口额相加构成的这一时期的贸易总额，它不等于世

界各国或地区对外贸易额之和。因为一国的出口即为另一国的进口，简单将对外贸易额相加会造成重复计算。一般来说，各国出口额的统计以 FOB 价格计算，而进口额的统计以 CIF 价格计算。由于 CIF 是在 FOB 的基础上外加运费和保险费构成的，这使得世界出口总额并不等于世界进口总额，而是小于世界进口总额。但也不完全如此，例如，美国商务部对美国对外贸易是按 FAS(船边交货价)统计的。

(三) 对外贸易量

对外贸易量是指经价格指数调整后的对外贸易额。

对外贸易量的计算公式如下：

$$对外贸易量 = \frac{对外贸易额}{对外贸易商品价格指数}$$

对外贸易量实际为按不变价格计算的对外贸易额，也就是说剔除了价格变动的因素。因此，它比对外贸易额更为准确地反映了对外贸易的规模，也更便于对不同时期的对外贸易规模进行分析和比较。与对外贸易量类似，还可计算进口量、出口量和国际贸易量等指标，其单位仍为货币单位。

(四) 贸易差额

贸易差额是指一国或地区一定时期内出口额与进口额之间的差额。

出口额大于进口额称为贸易顺差或盈余；反之，为逆差或赤字；如果二者相等，则为贸易平衡。一国对外贸易收支是该国国际收支的经常项目中最重要的组成部分，对该国国际收支有重要的影响。比如顺差这一指标的意义及重要性大致如下：(1)促进国民经济的增长；(2)提高外债的偿还能力；(3)一定程度上保证进口所需的外汇；(4)促进汇率的稳定；(5)顺差过大，则会造成对方的不满，加剧贸易摩擦。例如，中国 2010 年的出口值是 15779.3 亿美元，进口值是 13948.3 亿美元，对外贸易出现了 1831 亿美元的顺差(如表 1-1 所示)。

表 1-1　2010 年中国前 10 位贸易顺差来源地

排序	国家(地区)	总额(亿美元)	上年同期(亿美元)	同比%
1	中国香港地区	2060.6	1575.3	30.8
2	美国	1812.7	1433.4	26.5
3	荷兰	432.3	315.6	37.0
4	英国	274.7	234.0	14.8
5	印度	200.8	159.3	26.1
6	意大利	171.3	92.3	85.6
7	阿联酋	167.8	160.4	4.6
8	越南	161.3	115.5	39.7
9	巴拿马	119.5	64.9	84.1
10	西班牙	119.4	97.7	22.2

(五) 国际贸易的商品结构与对外贸易的商品结构

国际贸易的商品结构是指不同种类的商品在世界贸易或一国对外贸易中所占的比重，也称商品构成。

国际贸易的商品结构的计算公式如下：

$$国际贸易的商品结构 = \frac{某类商品的出口额或进口额}{世界出口额或进口额}$$

$$对外贸易的商品结构 = \frac{一国（地区）某类商品的出口额或进口额或对外贸易额}{一国（地区）的出口额或进口额或对外贸易额}$$

$$一国出口商品结构或进口商品结构 = \frac{一国（地区）某类商品的出口额或进口额}{一国（地区）的出口额或进口额}$$

对外贸易商品结构可以反映出一国经济发展水平、产业结构状况。反过来，一国经济发展状况以及其他因素也会影响到一国的对外商品结构。

同样，国际贸易商品结构也可以反映世界的经济和产业状况，而世界经济发展状况以及其他因素也会影响国际贸易商品结构。为便于统计，1950 年联合国秘书处起草出版了《联合国国际贸易标准分类》(*Standard International Trade*

Classification，SITC)，并于 1960、1974 和 1995 年进行了修订。世界各国均以此为标准公布国际贸易和对外贸易商品构成。

国际贸易商品共分为十大类，即食品及主要供食用的活动物；饮料及烟草；燃料以外的非食用粗原料；矿物燃料、润滑油及有关原料；动植物油脂及油脂；未列名化学品及有关产品；主要按原料分类的制成品；机械及运输设备；杂项制品；未分类的其他商品。在国际贸易统计中，一般将 1~5 类称为初级产品，6~9 类称为制成品，10 类称为其他。

(六) 国际贸易与对外贸易地理方向

国际贸易地理方向是指一定时期内世界各洲、各国(地区)或各国家经济集团在国际贸易中所占的比重，也称国际贸易地区分布。对外贸易地理方向是指一定时期内不同国家或地区在一国对外贸易中所处的地位或所占的比重，也称对外贸易地区分布或国别构成。

其计算公式如下：

$$国际贸易地理方向 = \frac{某国（地区）进口或出口总额}{世界进口或出口总额}$$

$$对外贸易地理方向 = \frac{一国（地区）对某国的进出口总额}{该国（地区）的对外贸易额}$$

$$或 = \frac{一国（地区）对不同国家的进口或出口额}{该国（地区）的进口或出口总额}$$

通过对对外贸易地理方向的研究，可以知道一国商品出口的去向和进口的来源，从而可以反映出该国与其他国家之间贸易联系的程度。对外贸易地理方向和国际贸易地理方向要受许多因素的影响，例如经济互补性、国际分工状况以及贸易政策和政治因素等。

(七) 贸易条件

贸易条件是指一国(地区)在一定时期内的出口价格指数与进口价格指数之比。

计算公式为：

$$贸易条件 = \frac{出口价格指数}{进口价格指数} \times 100$$

如果贸易条件大于100，说明贸易条件改善了，反之，则恶化了。这里所说的贸易条件一般也称净贸易条件。贸易条件只是反映不等价交换的一个指标，不是唯一指标。

(八) 对外贸易依存度

对外贸易依存度也称对外贸易系数(interdependent)是指一国(地区)对外贸易额与该国同期的国民生产总值(或国内生产总值)之比。

其计算公式为：

$$对外贸易依存度 = \frac{对外贸易额}{GNP(GDP)} \times 100$$

这一数字可在一定程度上反映对外贸易在一国(地区)国民经济中的重要程度，也可以反映出不同国家参与国际分工的程度。第二次世界大战后，各国这一数字均有提高，说明世界经济的联系更加密切，或者说更趋于全球化。

三、国际贸易的分类与特点

(一) 国际贸易的分类

1. 出口贸易和进口贸易

按商品的移动方向划分，国际贸易可分为出口贸易和进口贸易。出口贸易是指将本国(地区)所生产或加工的商品输往国外市场进行销售的商品交换活动；进口贸易是指购进和输入国外商品，在本国(地区)市场上进行销售的商品交换活动。

2. 复进口贸易和复出口贸易

复进口贸易是将本国商品输往国外后未经加工而重新输入国内的贸易活动。

一般是由商品偶然受损、未售出、质量不合格等因素所造成的，没有经济意义。

复出口贸易是指对买进的外国商品未经加工又输出到国外的贸易活动。它由两部分组成，分别是从本国自由贸易区或海关保税仓库再出口、商品本国化后再出口。

3．转口贸易与过境贸易

转口贸易是指商品的生产国与商品的消费国之间不是直接交易，而是通过第三国进行的商品买卖。它对生产国和消费国来说都是间接贸易。转口贸易不一定要间接运输。

过境贸易是指商品生产国与商品消费国之间所进行的贸易活动，其货物运输过程中通过第三国的国境，对第三国来说，这就构成了该国的过境贸易。有些内陆国家的进出口商品必须经由第三国运输。

4．总贸易和专门贸易

按国境和关境划分(也可以认为是按不同的贸易体系或不同的进出口货物统计方法进行划分)，国际贸易分为总贸易和专门贸易。

总贸易是指以国境为标准来统计的货物的进出口情况。这种记录和编制进出口货物的方法也称总贸易体系，或者一般贸易体系。所有进入一国国境的商品列为总进口，而离开一国国境的商品列为总出口。目前世界上大约有 90 个国家和地区采用这种统计方法，例如美国、日本、英国、加拿大、澳大利亚等。

专门贸易是指以关境为标准来统计货物的进出口情况。这种记录和编制进出口货物的方法也称专门贸易体系，或者特殊贸易体系。专门进口是指商品进入关境，并向海关缴纳关税，由海关放行后的商品进口；专门出口是指运出关境的商品出口。目前，世界上有德国、意大利、瑞士和法国等多个国家和地区采用这种统计方法。

我国目前采用的是总贸易的统计方法。

5．货物贸易和服务贸易

按交易对象划分(或者按交易商品的形式划分)，国际贸易可分为货物贸易和服务贸易。

货物贸易即 SITC 中的十大类商品的贸易。

关于服务贸易，WTO 列出了服务行业涉及的如下部门，即商业、通信、建筑、销售、教育、环境、金融、卫生、旅游、娱乐、运输和其他。

（二）国际贸易的特点

国际贸易在交易环境、交易条件、贸易做法等方面所涉及的问题，都远比国内贸易复杂，其主要特点表现如下。

1. 国际贸易属跨国交易，情况错综复杂

国际贸易的交易双方身处不同的国家或地区，在交易洽商和履约过程中，涉及各自不同的政策措施、法律规定、贸易惯例和习惯做法，情况千差万别。

2. 国际贸易线长面广，中间环节多

在国际贸易中，交易双方相距遥远，包括许多中间环节，涉及面很广。除了买卖双方、批发商、代理商外，还涉及商检、仓储、运输、保险、银行、港口、海关等部门。若其中一个环节出现问题，就会影响整笔交易的正常进行。

3. 国际贸易风险大，具有不稳定性

国际贸易易受国际政治、经济形势和各国政策及其他客观条件变化的影响，交易的商品通常需要经过长途运输，在远距离的运输过程中，可能遇到各种外来风险，加之国际市场情况复杂、变化莫测，从而加大了国际贸易的风险程度。

4. 国际市场商战不止，竞争激烈

在国际贸易中，存在着争夺市场的激烈竞争，其表现形式为商品竞争、技术竞争、服务竞争、市场竞争以及人才竞争等。因此，必须提高外经贸人员的整体素质，增强竞争能力。

四、国际贸易发展的新形势

对国际贸易现状的研究会导致国际贸易理论的发展。当资本主义生产方式开始萌芽，资产阶级在国际贸易中起的作用不断加大的时候，就开始有了资产阶级最初的国际贸易理论——重商主义。不过这种国际贸易理论并没有揭示出国际贸易的本质和意义，随着资本主义生产方式的发展，资产阶级对国际贸易的认识不断加深，以亚当·斯密和大卫·李嘉图为代表的英国古典经济学对国际贸易产的原因和意义作出比较科学的解释。他们先后提出了绝对优势理论和比较优势理论，认为劳动生产率不同的国家，可以发展自己的绝对优势或相对优势，进行国际分工，专门生产自己具有绝对优势可相对优势的产品，通过国际贸易，各国都能从中获利。在此基础上，其他经济学家对国际贸易中交换比价问题，国际贸易利益分配问题等深入展开研究。瑞典的赫克歇尔和俄林于 20 世纪初，在斯密和李嘉图理论的基础上，进一步提出生产要素禀赋理论，认为各国生产要素禀赋的差异引起的产品成本差异是产生国际贸易的原因。他们和斯密及李嘉图的理论都强调自由贸易能给国际贸易参加国带来好处，因而形成国际贸易中的自由贸易理论。不同的国际贸易理论指导对外贸易的实践，便会产生各种各样具体的贸易政策和措施。自由贸易理论认为应当尽量消除妨碍贸易发展的各种措施，如削减关税和非关税壁垒，而保护贸易理论则认为应当根据本国产业发展的需要，采有关税和其他非关税措施，限制某些产品的进口，鼓励某些产品的出口。各种政策措施对进口和出口的影响程度是各不相同的，究竟采用哪种措施，或者是几种措施结合起来使用，并达到某方面的目标，就需要我们作专门的研究分析。现代国际贸易的实践表明，国际贸易市场上既存在着竞争，又存在着不同国家之间的使用。于是不同国家又会通过签订各种协定、条约或参加某些国际经济组织来对自己的行为进行约束和规范。这些协定、条约和国际经济组织究竟会给成员国带来多少具体的经济利益或损失，通常需要研究人员进行专门的分析研究。事实告诉我们，国际经济贸易关系涉及各国的长远利益，因此各国采取的贸易政策措施通常贯穿对政治、军事上的考虑，因此在研究国际贸易政策与措施时，不能单纯从经济的角度出发，而应该从政治、经济的角度去看问题。

（一）国际贸易组织形式的创新——虚拟企业

企业传统的组织面临着很大冲击，以电子商务为基础的组织的职能部门也受到了广泛关注，并带来了活力。虚拟企业是网络化组织结构的典型代表，它没有地区、产业、企业的界限，所有的资源不受任何约束，通过电子手段联系将所有的资源，将其所有有效资源为其实体组织所用，发挥其最大的效用。虚拟企业的界定是模糊的，没有一个严格的概念。它是将企业与资源有效的匹配，进行不同的组合。虚拟企业的特点决定了传统企业的刚性组织结构不再适应，恰恰相反，与刚性组织架构相反的柔性化的网络作为主导发挥着重要的作用，柔性化的网络把相关能力与相关资源进行相应匹配，实现资源的配置最优化。

（二）国际贸易流通模式的创新——ECR

互联网的快速发展带给消费者选择的余地越来越多，面对花样繁多的商品，其消费的自主意识逐渐增强，对新产品的要求也逐渐提高，个性化需求更加凸显。为了迎合消费者的快速需求变化，在国际贸易流通中衍生了一种新的流通模式，即消费者有效反应~T 简称 ECR，它的出现发生了前所未有的变化，并得到有效推广。它凭借快、好等特点满足消费者的需求。ECR 模式对我国对外贸易的传统模式是一场革命，它有如下优点：

(1) 重视采用新技术和新方法。ECR 系统对国际贸易是一场革命，它利用了先进的信息技术手段，在制造商与销售商之间架起了一道桥梁，即自动订货系统。该系统的应用从根本上解决了我国对外贸易中的很多问题，尤其是应对新贸易保护主义起到了事半功倍的效果。

(2) 建立稳定的伙伴关系。在传统的外贸商品供应链条上，各个环节是各自孤立的，没有任何的紧密关联，每一次订货的随机性都很难把握。

（三）国际贸易的渠道创新——电子中间商

电子中间商的特点也很明显：

(1) 虚拟交换。电子中间商在此基础上进行了调整并有所创新。电子中间商作为交易的一种交易双方互认的介质，把它定位为物理属性——一个场所，该场所不仅具备储备信息的功能，而且在该交换场所为生产者提供大量信息，满足生产者、消费者的信息需求，尤其是跟购买有关的信息。因此，虚拟交换营运而生，并承担着应当承担的使命。

(2) 提供信息中介服务。该服务是一种新生事物，是随着信息化的进程衍生出来的。

第二节　国际贸易的地位与作用

国际贸易，联结着各国国内经济活动和国际间的经济活动，必然对一国经济和世界经济的发展产生一定的影响。其具体作用表现如下：

(一) 经济作用

1. 国际贸易有利于扩大规模经济

不断扩大出口贸易，利用世界市场，扩大商品生产的规模，可以降低产品生产要素各个方面分摊给单位产品的成本，提高经济效益，获得规模经济利益。

2. 国际贸易有利于提高劳动生产率

扩大出口贸易，是占领世界市场的首要条件，发挥本国产品的优势，生产出具有国际竞争力的产品。因此在产品其他条件相同时，要不断提高劳动生产率，使本国产品价格低于国际市场价格，以获得价格竞争力。提高出口产品的劳动生产率不仅有利于出口产品降低成本、增加生产，而且还可以带动整个国民经济各部门提高劳动生产率。

3. 国际贸易有利于提高利润率

通过国际贸易可以从国外获得廉价的原料、燃料、辅助材料、机器、设备等，降低生产成本；通过国际贸易可以占领甚至垄断国外市场，以较高的价格出售产品或劳务；通过对外直接投资可以在全球范围内有效配置资源。从而，通过国际贸易提高利润率。

4. 对外贸易部门能够带动相关经济部门的发展

国民经济的各个部门是相互联系、相互影响的。对外经济部门的扩大对其他经济部门产生后连锁和前连锁效应。前连锁效应是指以其产品供应别的部门的需要；后连锁效应是指由别的部门来供应本部门在生产中所投入的要素。一个国家出口部门越发展，对国民经济中其他经济部门的带动作用越大。

5. 国际贸易促进世界经济的发展

国际贸易是世界经济不可缺少的组成部分。尤其是第二次世界大战后，国际贸易成为推动世界经济发展的重要力量之一。世界经济的发展对国际贸易的规模、速度、结构等有决定作用，而国际贸易的发展对世界经济的发展也有一定的促进作用。国际贸易能够密切各国的经济联系，促进生产、资本及经营的国际化，即整个世界经济的国际化。

(二) 社会作用

1. 国际贸易可以使各国的商品和劳务互通有无

由于受自然条件以及其他方面条件的制约，任何一个国家不可能独立生产所有商品，某些产品只能在少数国家生产出来，或者少数国家对某些商品的生产具有优势。国际贸易可以使各国互通有无，满足各国生产和经济发展对各种资源的需要。国际贸易可以调剂余缺，出口贸易为国内剩余的资源和商品解决"出路"问题，进口贸易可以补救一国或一时资源匮乏的困难，解决社会生产与社会需求的供求矛盾，保证本国社会生产顺利进行。

2. 国际贸易有利于增加就业

人口也是一种资源，劳动力得不到充分就业也是一种资源的浪费。扩大对外贸易，无论是增加劳动密集型产品的出口，还是增加资本密集型产品、技术密集型产品的出口，都会增加各种类型的工作岗位。劳动者的充分就业，对外贸易的扩大，会引起整个国民生产总值的增长和国民收入的增加。

3. 国际贸易是各国进行政治斗争的重要手段

国际贸易已成为各国对外经济活动的重要内容，各国经济外交与政治外交日益融合为一体，对外贸易政策已成为各国对外政策的重要组成部分。通过对外贸易，维护本国的社会制度，建立经济贸易集团，扩大内部市场，促进经济相互发展，增强谈判的能力，维护世界和平，坚持正义。通过对外贸易制裁那些违背联合国宪章的行为，制裁违犯人权、实行种族歧视的国家。通过对外贸易，能够促进各国间相互的经济合作、改善国际环境，为经济发展创造良好的外部条件。

(三) 科技作用

通过国际贸易可以引进别国的先进技术和管理经验，消化吸收外国的新知识、新技术、新技能和新方法，并使之逐步国产化，可以有效地、迅速地提高本国的科技水平和生产力水平。

第三节　经济全球化下国际贸易的发展

一、经济全球化的发展及其特点

经济全球化的产生可以追溯到 20 世纪 50 年代，到了 1975 年以后才有了较快地发展。从全球经济全球化发展的情况来看，经济全球化正呈现更加自由、更大规模的特点。

(一) 经济全球化的发展历程

经济全球化作为一个历史进程究竟始于何时，在经济史学家们之间还存在着很大的分歧。不少学者认为经济全球化是第二次世界大战后，特别是 20 世纪 80 年代后出现的一种新现象。但也有人认为，虽然经济全球化这一术语在 20 世纪 90 年代才盛行起来的，多数经济学家都承认，即使按照 20 世纪末的标准来判断，世界经济一体化的程度在第一次世界大战前的 1913 年就已经十分惹人注目了。当然，更有的史学家把 1492 年哥伦布发现美洲大陆视为全球化的开端。并认为 1500 年可以作为世界史进入全球新纪元的起点。

时期划分的不同，反映了不同意见的持有者心目中的标准有别。笔者并没有用经济学的标准去整合各种争论的企图，但从经济学意义上讲，判断全球化进程有两条重要的依据，即全球各经济体相互依赖和相互竞争的程度。从这个角度看，我们认为 Kevin H. O'Rourke 和 Jeffrey G. Williamson (2000) 的分析更为可取。他们既不认为经济全球化是一个全新的事物，也不接受 1500 年为起点的观点。在他们看来，19 世纪早期以前，虽说已经出现了国际乃至洲际贸易，但是早期通过贸易建立起来的国际联系是简单的。交易的商品不具有竞争性，主要是互通有无的贸易。航海大发现对世界经济的长远影响是不容忽视的，它带来了人类历史上首次的大规模洲际交流，但是对经济生活的直接影响，只有到了 19 世纪，在工业革命释放出来的能量得以发挥时，才充分地表现出来。

根据经济学界广为接受的赫克歇尔——奥林范式，如果国际间的联系没能影响有关国家的工资/租金比率，没能影响到部门特定要素的相对报酬以及收入分配的其他渠道，那么它对一国生产结构和经济福利的影响就是有限的。在工业革命前，贸易商品主要是奢侈品，只对少数富人的效用有影响。例如，当时欧洲进口香料、丝绸、糖和黄金，亚洲则进口银、亚麻、毛制品。这些商品的贸易是属于互通有无性质的，属于非竞争性商品的贸易。商品的非竞争性意味着，开展贸易不会对进口国商品相对价格产生影响。同时由于当时的国际贸易又完全操纵在垄断商人的手中，所以对出口国的价格也无法发挥明显的影响，因为供求规律的作用有限。这样，贸易对整个经济的最基本影响——商品价格的趋同，就无法表现出来。正因为如此，贸易对一国国内的收入分配效应就基本不存在。贸易政策的争论也就没能在国内政策制定过程中有充分地表现。利益的冲突可能发生在国与国之间，但是国内各利益集团之间或者各阶级之间在对外事务上却基本上没有明显的利益冲突。

真正对经济生活有明显影响的贸易，无论其最终结果如何，总是使一些人受益，而使另一些人受损。那么判断贸易对经济的影响程度的标准，除了从统计上去推敲商品价格均等化的趋势以及收入效应的定量表现以外，一个很直观的方法就是看贸易保护主义意识的强烈程度及其表现。我们从历史记录中可以看到，南北战争前的美国，欢迎自由贸易的南方棉花种植园的土地所有者，与代表工业化潮流的北方资本家阶级形成对立；19世纪中叶的英国，劳工阶级和资本家阶级是主张自由贸易的，而土地所有者则是保护主义的代表，他们之间形成对立；在1879年以后德国出现的资本和土地所有者联盟，他们反对主张自由贸易的劳工阶级。这一时期贸易政策的争论成为国内政治斗争的主要内容，并且明显体现出阶级阵营的分庭抗礼。这一时期流行的理论和政策主张，可以看成是进入全球化过程初期时，各种社会力量对正在发生的变化的不适应的一种必然的反映。

在19世纪的最后四分之一时间里，资本主义经济经历了从自由竞争向垄断资本主义的过度。与此相应地，在对外经济关系上，主要的经济强国的战略也从在全球范围强行推行自由贸易主张，转变为赤裸裸地进行殖民扩张。如果我们把"全球化"看作是一个历史过程，那么把现代经济全球化的起点定为19世纪末叶，应该是很恰当的。

"新时代的象征物——连接大洋的苏伊士运河和巴拿马运河，好几条横跨非洲、西伯利亚和北美的洲际铁路、海底电缆网和遍布各洲大陆的电报电话线路网，以及为庞大的上层建筑提供财政资源的劳埃德、巴克利、罗斯柴尔德等大银行——它们对全世界的渗透和分裂作用大大超过以往的自由贸易帝国主义。"

经济全球化的雏形此时已露端倪。

马克思和恩格斯在《共产党宣言》中更是对这一时期的资本扩张过程有过淋

漓尽致地描述:"不断扩大商品销路的需要,驱使资产阶级奔走于世界各地。他们必须到处落户,到处创业,到处建立联系。……资产阶级,由于开拓了世界市场,使一切国家的生产和消费都成为世界性的了。……资产阶级,由于一切生产工具的迅速改进,由于交通的极为便利,把一切民族甚至野蛮民族都卷到文明中来了。它的商品的低廉价格,是用来摧毁一切万里长城、征服野蛮人最顽强的仇外心理的重炮。它迫使一切民族——如果他们不想灭亡的话——采用资产阶级的生产方式;它迫使它们自己在那里推行所谓文明制度,即变成资产者。一句话,它们按照自己的面貌为自己创造出一个世界。"

这样一种趋势在经过了两次世界大战和"冷战"的阻隔后,终于在又一个世纪之交重新获得了加速发展的动力。当然,这新一轮的全球化浪潮有着许多前所未有的新特点,这也正是人们往往容易将其视为一种的全新的事物的原因。

我们分析经济全球化所注意的问题,一方面是它的历史连续性,另一方面是它的现实表现的新特点。唯有如此,我们才能对人类历史发展过程中的这一重要趋势有更为全面的把握。

(二) 经济全球化的原因

1. 自由市场理念引导

1870—1913 年可以说是"自由放任"的理论和政策大行其道的时期。国家对经济生活的干预很少,金本位制度为各国间的经济交往提供了一个稳定的环境。不幸的是,这种局面被接连发生的两次世界大战打破,经济全球化浪潮可以说就此中断。战时的以邻为壑的政策和由此带来的各种各样的国际交往的壁垒,使得世界经济一体化的进程大大后退。战后,为了恢复世界经济的秩序应运而生的国际货币基金组织、世界银行和关贸总协定,为世界经济提供了 3 个重要的支柱。在这些基本框架下,至少在资本主义世界又开始了新一轮的自由化的努力。当然这一过程也出现过反复,主要是 20 世纪 70 年代的"滞胀"使得以邻为壑的意识又有所抬头,在随着关贸总协定框架下关税壁垒的降低贸易中的各种非关税壁垒却纷纷兴起。到了 80 年代初，由于新自由主义经济思想在英美等主要发达国家重新获得主导地位，世界范围内的经济自由化才逐渐重上轨道。

2．科技革命的推动

科技革命的内容当然十分丰富，但对促进经济全球化起了决定性作用的革命集中体现在交通和通讯技术的飞跃上，因为它们决定了经济活动以什么样的方式、在多大的范围内进行。在这方面，19 世纪后期的革命性的变化主要体现在轮船、铁路和电报的发明和使用上。轮船代替帆船使得远洋运输费用在 1870—1900 年间减少了 2/3；铁路网的建立使得内陆地区的国家得以与世界融为一体；电报的使用使得信息传递的速度得到了令人惊奇地提升，世界因此而大大"缩小"了。20 世纪后半期可以类比的革命主要表现在飞机、电脑和卫星的商业性运用上，它们向着同一个方向加速了历史的进程。如果说前一次的交通通讯技术上的革命大大降低了有形商品和要素在世界范围流动的成本的话，那么新一轮的革命则更大程度上便利了无形商品和要素的流动。这对于以知识和信息为基础的经济来说，其重要性是不言而喻的。

3．超级强国的主导

超级强国主导的世界秩序对经济全球化都起了重要的作用。对于这一问题，我们不应采取全盘肯定或全盘否定的态度。历史的事实是，在 1870—1913 年间，英国对世界的统治以及在那种统治下资本主义生产方式在全世界的推广，无疑是资本主义市场体系走向全球化的一个重要的制度基础。但所幸的是，殖民统治下的不公正的国际经济秩序已经基本上被打破并逐步朝着合理的新秩序转变，当然这一转变的过程尚未真正完成，仍旧任重而道远。第二次世界大战后美国扮演了同样的角色，但这种"霸权稳定状态"的维持当然也不会是永久的。随着多极化趋势的发展，越来越多的国家和区域组织有权利也有能力抵制霸权的扩张，这是在新的经济全球化背景下寻求更加公平的国际经济新秩序的希望所在。

4．国际竞争的促进

全球化背景下的国际竞争不仅在检验着企业的效率，也在检验着政府的效率。

传统意义上的主权正在接受着挑战，这是经济全球化过程的一个重要的课题，它的表现形式也是多层面的。这里我们想着重强调的是，随着生产要素在国际间流动性的增强，民族国家的政府在其领土范围内的垄断地位开始遭遇另一类竞争的挑战。就国家的经济职能而言，主要是在其所辖的领土范围内提供市场机制难以有效提供的公共物品。这其中最重要的就是制度性服务，它包括维持社会秩序正常运转的各种强制性游戏规则。在封闭的条件下，这种制度性服务的供给是绝对垄断的，任何经济活动的决策者，无论愿意与否，都必须用税收来"购买"这种制度性服务。但在开放的条件下，特别是在经济全球化的条件下，这种服务的提供是通过"准市场化"的机制来实现的。来自世界各地的企业(包括本民族的和外族的)，在"国民待遇"的原则下，以税收作为代价来"购买"这种制度性服务，以获得在这个领土范围内发展的机会。无国界经营的跨国企业是采取"用脚投票"的方式来选择制度性服务的提供者的。因此为了实现国民福利的最大化，能否用同样水平的税收创造一个最佳的工商业发展的环境，以便吸引全球范围的投资者和财富的创造者，自然成为政府间竞争的核心内容。在这个问题上，多一点紧迫感和超前意识，对于严肃地对待经济全球化挑战的政府来说，是十分必要的。

二、经济全球化对国际贸易的影响

(一) 经济全球化的含义与表现

经济全球化下，随着国际分工的不断深化和细化，国际贸易结构、贸易壁垒、贸易方式和国际贸易秩序等都出现了与以往不同的新特点。

经济全球化是当今世界经济发展的一个显著趋势，主要表现为消费的全球化、生产的全球化和经济体制的一体化。

经济全球化首先表现为消费的全球化，消费全球化意味着商品和服务市场上国界的逐渐消失。各国的居民在本国内可以消费到他国的商品，同时也可以通过互联网在国际市场上直接进行消费。事实上，当今社会一个国家不可能生产本国消费的全部产品，也不会只消费本国的产品。

经济全球化的第二层含义是生产的全球化。指企业为降低生产成本，在全球范围内寻找便宜的资源和建立生产网络。例如，中国的汽车制造商不会只使用本国的生产要素，而会根据需要购买发达国家的技术，通过合资或在国外上市获得国际资本，聘用美国或德国的高级管理人员，同时使用中国的技术工人和普通劳动力，从而建立自己的全球化生产网络。这种生产的全球化也表现为一些行业的跨国跨地区转移，如为降低劳动力成本，一些企业将劳动密集型产品的生产转移到了劳动力价格相对低廉的发展中国家和地区。近年来，外国直接投资和跨国公司的迅速发展也是生产全球化的表现之一。

生产全球化是消费全球化和竞争国际化的必然结果。全球化发展到一定阶段后，产品的价格会由世界市场的供求决定，成本的高低将成为决定企业竞争力大小的关键因素。产品的成本包括管理成本和生产要素的投入两个部分，在管理成本一定的前提下，投入要素价格的高低就成了产品成本高低以及企业竞争力大小的决定因素。

经济一体化也是经济体制的趋同或一体化的过程。企业在国际市场上竞争要遵守共同的竞争规则。竞争规则标准化和竞争主体的规范化是一种必然趋势。经济全球化深入发展，各国企业要在国际市场上直接进行竞争，经济体制的差异就会成为经济发展中的重要问题。首先，各国企业都会采用最有效率的体制，否则就会在竞争中被淘汰；其次，各国企业会要求公平竞争，而公平竞争的基础是游戏规则的统一。多数国家已经接受国际竞争应该有一个统一的规则的观点，问题的关键在于什么样的规则才是公平的、有效的。从现实中看，各国经济体制的发展趋势是从计划走向市场，从封闭走向开放。被大多数国家和企业接受的是市场经济制度，在现有的制度中，市场经济体制仍然是资源配置的一种有效手段。

经济全球化仍然是世界经济发展的主流方向，主要表现在以下几个方面：

第一，国际贸易和国际投资的快速增长。1950 年全球贸易额仅为 1130 亿美元，2000 年已达 12 万多亿美元，增长了近 100 倍，排除通货膨胀因素，仍有 15

倍多，远超过全球 GDP 的增长速度。20 世纪末，世界贸易总额已占全球 GDP 的 40%左右，其中服务贸易占总贸易额的四分之一左右。1980 年的国际投资额为 5 万亿美元，2000 年已近 8 万亿，增长速度也很可观。

第二，经济全球化的加速发展。各国经济发展水平高低不一，全球范围的贸易和投资自由化是不可能在短期内实现的。一些条件成熟的国家和地区通过谈判实现区域范围内的贸易与投资自由化是经济全球化的可行道路，20 世纪 90 年代以来，越来越多的国家组成或加入了区域性自由贸易区或区域经济共同体。

第三，跨国公司的迅猛发展。跨国公司在全球范围内建立其生产和营销网络，促进了生产和消费的全球化发展。20 世纪末，跨国公司的贸易量已经占了全球贸易总额的 50%~60%，其对外投资占国际投资的 90%，它控制了世界工业生产总值的 40%~50%。跨国公司的壮大既是经济全球化的结果，也是经济全球化发展的重要推动力量。

(二) 经济全球化对国际贸易影响的具体表现

1. 交易方式上出现网络化趋势

互联网的广泛应用给国际贸易带来深刻变化。网络经济的发展使国际贸易网络化趋势得到进一步的发展。网络贸易即指交易各方借助互联网完成商品订购和销售。网络贸易以网络为平台，通过数字化技术将企业、海关、税务、运输、金融等有机连接起来，直接进行在线交易，实现一系列业务的自动化处理。网络贸易具备两个基本特征：第一，交易无纸化。买方和卖方以国际互联网为媒介获得信息、进行接触，通过电子邮件邀约和受约，使新型的方式代替传统的当面洽谈和书面签约；第二，电子付款。即通过电子银行在网络上进行资金的结算和转账等。网络贸易代表着国际贸易的发展趋势，网络贸易能够有效降低成本，因为活动中的交换信息、磋商交易、订立合同、付款交付等业务可以通过电子商务系统传输和处理，可有效节省资金和时间。在遍布世界各地的销售网络和用户资源中为贸易商寻找买主，销售产品，从而降低成本。

2．贸易壁垒上出现技术化趋势

尽管长期的关税减让谈判及国际公共规则的建立和完善已使关税壁垒被削弱。但是，由于各国对贸易保护的需求，在传统贸易壁垒被削弱的情况下，贸易壁垒却通过变幻形式进入了更高的层次，出现了一系列新的贸易壁垒。新贸易壁垒指的是以技术壁垒为核心的壁垒，包括社会壁垒和绿色壁垒在内的所有阻碍国际商品自由流动的新型非关税壁垒。新贸易壁垒的核心是技术，无论是技术壁垒还是绿色壁垒都通过设置一系列严格的技术标准来保护本国市场。新贸易壁垒具有双重性特点：一方面，新贸易壁垒有其合理、合法的一面。因为新贸易壁垒往往以保护生态环境，维护人类生命、健康为理由，符合世贸组织协议以不妨碍正常国际贸易或对其他成员方造成歧视为准的规定；另一方面，新贸易壁垒又往往以保护环境、维护消费者的利益为名行贸易保护之实，有意刁难某些国家的产品，具有不合理之处。

3．贸易规则上出现规范化趋势

国际贸易在发展过程中不断得到规范。随着知识型服务贸易、网络贸易和网络税收等新事物不断涌现，一国对外贸易更需要协调一致的贸易规范，国际贸易规范化向更完善的方向发展。一方面，新经济的发展使国际贸易已突破了货物贸易为主的局限，信息技术转让等知识性服务贸易日益成为国际贸易活动的主要内容；另一方面，世界贸易组织在各国贸易行为中发挥着强有力的监督作用。国际贸易规范化推动了世界贸易的发展。

三、经济全球化背景下国际贸易的发展趋势

国际贸易是世界各国精细化分工的结果，是不同国家或地区对生产要素、商品、服务等在全世界范围内进行配置交换的过程。由于各国的政治环境、法律法规、货币制度、物流技术、语言差异等因素的影响，使得国际贸易非常复杂。但伴随人类社会的发展和全球经济一体化，各国经济之间的依赖性越来越强，同时

各国为了自身利益的需求，对在全球范围内配置资源具有非常强烈的需求，开拓国际市场的意愿非常强。国际贸易在多种因素影响下，通过不同国家和利益集团的角斗，形成新的特点和趋势。

（一）跨国企业成为国际贸易的主导力量

2015 年世界投资报告显示，跨国企业生产投资持续扩大，盈利处于历史较高水平。20 世纪 90 年代以来，跨国公司无论是在数量还是体量上都在快速增长，这也使得全球生产、投资和商品的大流通进一步加深，经济全球化进程加速。跨国公司在参与全球精细化分工中，寻找新的定位，并在这个过程中形成新的战略同盟，国际交易市场统一性增强，助推了世界经济市场的竞争和贸易自由化。跨国公司垄断了国际创新技术和贸易技术的绝大部分比例，这也使得跨国企业在全球经济中的垄断地位日益加强。由于信息互联技术和物流技术的高速发展，使跨国企业的经营更为便利和高效，跨国企业现阶段都对其发展战略进行调整，面对国际市场，尽力提高市场份额；对于内部管理，则利用新技术大幅提升运营能力。未来一段时间，跨国企业在国际贸易中的地位会更加凸显，话语权将会更加强大。现阶段，跨国企业已经成为国际贸易中最主要的力量，在贸易交易市场的占比不断稳步提高，交易活动也更加频繁。随着经济全球化的进一步深入，跨国企业对外投资会对国际贸易的结构形成以及贸易集中区域分布产生重要影响。跨国企业的全球性投资加大会是国际贸易发展趋势的重要表现。

（二）经济体之间利益冲突加剧

虽然世界各国经济比较低迷，但是全球国际贸易仍然保持增长态势。根据世界贸易组织的数据显示，2014 年国际贸易增长率为 2.8%。2015 年，全球经济依旧脆弱，国际贸易环境还是不够景气，但是，经济体间的贸易活动仍然频繁，自由贸易成为国际贸易不可阻挡的趋势。

全球化国际贸易趋势策略世界各国、不同经济体之间的发展水平并不相同，各经济体和贸易集团间的壁垒在增多，各国对贸易利益的争夺非常突出，贸易保护主义势力不断抬头。发达国家为了自身经济利益，长期通过各种不公平的手段来加速对全球资源的掠夺，同时利用先发优势在 WTO 框架下制造贸易壁垒，人为限制发展中国家的自由贸易，从而导致国际贸易中层出不穷的贸易摩擦和冲突。贸易与劳动标准、贸易与环境保护以及汇率等问题都已列入世贸组织的谈判议程，对于国际贸易利益的争夺越来越明显。根据 WTO 数据显示，2008 年以来，G20 集团推出的贸易限制措施，有 80%左右仍然在实施，对全世界约 4%的国家和地区进出口形成影响。我国是贸易保护主义环境下损失最严重的国家，根据商务部 2015 年数据显示，中国已经连续 19 年成为遭遇贸易摩擦最多的国家。发达国家和发展中国家对于贸易利益的分配争夺正在呈现两极化的趋势。同等发展水平国家对于贸易市场的竞争也显得非常激烈，各种经济体间的贸易利益之争相当残酷。各国贸易保护政策随着经济全球化的推进呈现出不同的特征，多边贸易的发展对世界经济增长起到重要作用。多边贸易机制表现更加灵活多样，为各国贸易构建了基本架构。各国贸易保护措施基本都不违反多边贸易的约定，反而表现出对多边贸易规则的支持。这些主要体现在：各国都是在利用多边贸易机制的游戏规则来实施贸易保护；通过多边贸易协定来保护成员国的利益，排斥非成员国。多边贸易协议是各成员国所协商签订的多边贸易规则，所以多边贸易规则的约束力比较局限，更多是依靠成员国间的信用来维持正常运作。世界经济处在稳定增长时期，各成员国都能通过贸易自由化来实现贸易增长和经济发展，所以积极维护多边贸易协议自然不是问题。但是，当全球经济发展处在低迷时期，各成员国为了自身经济利益最大化，对于贸易保护必然会抬头，从而形成对多边贸易规则的挑战和冲击。现阶段，全球经济持续增长仍然存在不确定，但是各国贸易措施还不会对多边贸易体制形成毁灭性冲击，另外，由于全球经济前景的不明朗，各国贸易保护措施将会长期挑战多边贸易体制，从而影响到国际整体贸易体系。各国、各经济体对于贸易市场的争夺已经非常白热化，而贸易保护主义给国际贸易发展带来了非常不利的影响，尤其是对于发展中国家。

(三) 绿色贸易兴起

伴随环境日益的恶化，全世界对于保护环境的共识愈加认同，"绿色"成为环境保护的主题。各国对于环保经济效益和社会效益越来越重视，而各国消费者对于保护环境的理念也越来越深入，绿色消费成为世界范围内的新消费趋势，绿色贸易则由此产生。经过近几年的发展，绿色贸易在国际贸易中的比重逐步上升。进入 21 世纪以来，人们对于环保的理念认识更加深入，绿色消费逐渐成为一种习惯。人们在消费的时候会更加愿意选择资源绿色的产品，绿色消费成为绿色贸易的基础。绿色生产、绿色市场的兴起，优化了国际贸易的交易结构。联合国数据显示，绿色商品在国际贸易中的比重逐步增加，对于资源消耗严重的商品贸易则出现了下降趋势，新技术和新材料的使用，为环保产品的应用提供了有力保障。环保产品由于其性能和技术，使国际贸易的商品结构从资源密集逐步向技术、知识密集为主，而绿色商品的国际贸易日趋成为重要内容。

国际贸易交易方式日趋多元化，网络贸易发展迅猛，国际贸易效益显著提高。伴随着网络技术和新媒体的发展，国际贸易的交易方式逐步多元化，依靠网络完成的贸易正在高速崛起。网络贸易主要是以互联网为依托，不同地区和经济体所进行的贸易和商务活动。国际贸易所需要的所有环节，包括交易的前期沟通、合同签订、商品或者资金的交割、物流环节以及售后服务等都依靠网络平台来完成。而目前网络贸易商品还主要集中在无形产品，比如咨询服务、金融服务等，实物贸易则主要是前期沟通咨询、合同签订以及资金的流通等环节在互联网上完成，实际的货物物流等还是需要传统渠道。网络贸易已经越来越受到各国、各经济体的重视，出台了或多或少的政策和措施来推动网络贸易的发展。根据世界贸易组织的数据显示，近年来，网络贸易发展的增长比率非常快速，网络贸易能够有效提高国际贸易的效益。网络贸易与传统贸易方式相比具有很多优越性，比如交易成本较低，摆脱了时间、空间的约束，网络贸易的应用普及成为国际贸易的一场革命，对于贸易方式的转变具有深远影响。在国际贸易总体保持低速增长的背景下，网络贸易却强势增长。传统贸易交易方式由于受到时间和空间的限制，网络贸易能否成为争夺贸易市场的利器，受到了各国和各经济体的高度重视。由于网络贸易的高效性，网络贸易将继续保持快速的发展趋势，成为国际贸易最重要的交易方式之一。国际贸易尚未从危机中恢复，对个别贸易大国的依赖性加强，西方发达国家整体贸易相对低迷。2008年金融危机对全球贸易造成重创，国际贸易量急速萎缩。经过各国一系列的稳定政策，全球主要几个国家经济得到了稳定复苏，全球贸易得到恢复。《2014年世界贸易报告》指出，2014年全球贸易保持低速增长，然而受到欧洲经济低迷的影响，世界经济增长也会受到较大拖累，世界贸易还没有完全从金融危机中完全恢复过来，世界资源的配置机制还没有得到有效发挥。2015年，美国经济恢复比较明显，失业金申领数量创下近年来的低位。而中国、德国和日本等国经济增长都较为稳定，这为世界经济的稳定增长提供了基础，所以未来一段时间，国际贸易将会持续向好发展，尤其是主要几个贸易大国之间的互动将会更加明显。由于世界经济的稳定增长，国际贸易将会持续恢复。其中，贸易大国之间的互动将会推动全球贸易迈向全新的增长时期。国际贸易整体结构优化，贸易向高端化发展。国际贸易并未完全走出金融危机的影响，而此次金融危机对西方国家的影响非常明显，尤其是欧洲国家，新兴发展中国家则仍然保持较强的活力和较为稳定的发展。以中国为首的发展中国家在国际贸易恢复中发挥了极为重要的作用，成为国际贸易市场快速壮大的新力量，世界贸易格局在发生相应的变化，国际贸易参与者结构日趋合理。经济全球化的一个特点是第三产业全球化，而第三产业全球化正从根本上改变世界经济、技术和知识的发展模式，并在影响各国在国际经济市场的竞争地位。第三产业正处于发展的蓬勃时期，在国际服务贸易中保持较高速度的上升趋势。在第三产业贸易中，技术和知识密集型商品和服务日益受到全球贸易的关注，国际贸易商品结构向高端化调整。

四、我国经济全球化的历史进程回顾

　　中华人民共和国成立以后，国家的主要任务是恢复国民经济，进行生产资料所有制的社会主义改造。在"文化大革命"结束前我国的经济全球化进程并没有实质性的进展，直到粉碎"四人帮"以后，才开始了我国融入经济全球化的进程。大体而言，中国经济融入全球化经历了"三步走"，具体如下：

（一）十一届三中全会到 1991 年

1978 年 12 月 18 日，中共十一届三中全会正式召开，这次会议重新确立了把全党、全国的工作重点转移到社会主义现代化建设以及生产力发展方面来的战略决策，提出了实行改革开放政策并主要做了以下工作：

(1) 改革对外贸易体制，主要是在统一计划、统一政策、统一对外的前提下扩大了地方、部门的对外经营权。

(2) 多种形式利用外资，扩大资金的引进规模。1980 年 4 月和 5 月相继恢复了我国在国际货币基金组织、世界银行、国际金融公司的合法代表权。改革开放初期，对外借贷是中国利用外资的主要形式，到 1992 年，外商直接投资首次超过对外借贷。

(3) 经济特区的建立。创办经济特区为实行对外开放提供了一个新的思路，经济特区成为我国发展对外经济的重要窗口，可以更好地吸引国外资金、技术，扩展对外贸易，发展我国经济。

实行改革开放以后的 1979—1984 年间，我国经济连年实现快速增长，人民生活水平也有了很大的提高。1984 年 10 月召开的中共十二届三中全会标志着我国经济体制改革的重点从农村转移到城市，城市经济体制改革也由此全面展开。从 1985 年起主要出台了改革计划体制、改革投资体制和改革金融体制，包括减少指令性计划、改革外汇管理、扩大企业经营自主权等措施。在这期间，党中央和国务院又先后批准了大连、天津等 14 个沿海开放城市，长江三角洲、珠江三角洲和闽南厦漳泉三角地区为沿海开放区，其中最具代表性的便是上海浦东，浦东也成为 20 世纪 90 年代中国改革开放取得显著成就的重要标志。

（二）邓小平南方谈话到 2001 年

以邓小平南方谈话为先导，中共十四大确定的建立社会主义市场经济体制的改革目标为标志，中国的改革开放和融入世界经济步入了新阶段。20 世纪 90 年代初，国际共产主义运动遭遇严重挫折，如何打破社会主义与市场经济的对立、如何建立社会主义市场经济体制已经成为改革开放与现代化建设道路上必须解决的问题。

针对 20 世纪 90 年代初经济发展中的问题以及人们对社会主义市场经济的误区，1992 年初邓小平先后在武昌、深圳等地视察并发表重要讲话，特别强调了"一个中心，两个基本点"的路线不能动摇，邓小平认为，"现在，阻挠改革开放进一步深化的主要障碍就是姓'资'姓'社'的问题"。把改革开放说成是引进和发展资本主义，认为和平演变主要来自经济领域，这就是"左"。邓小平进一步提出了衡量党和政府各项工作的"三个有利于"标准，指出改革的目标模式应该是建立社会主义市场经济。这就打破了人们的思想禁锢，使全面改革开放进入了一个新的阶段。突出表现在以下几个方面：

(1) 全方位对外开放新格局的建立。从 1992 年起，中国政府先后对进一步开放沿边、沿江、省会内陆城市做了一系列决定，包括西部大开发战略，这就形成了对外开放的新格局。

(2) 利用外资水平不断提高。一批先进的技术随着外资进入中国，促进了一系列先进产品的国产化，有力地促进了中国对外贸易的发展。

(3) 境外投资增长很快。我国的境外投资在利用国外资源、带动国内设备、劳务出口等方面发挥了较好的作用。截至 2002 年，我国的社会主义市场经济体制初步建立。这也为中国进一步融入世界奠定了基础。

(三) 2001 年加入世贸组织至今

以中国 2001 年加入世界贸易组织为标志，中国进一步融入世界经济的趋势更加明显。中国正式加入世界贸易组织，表明中国融入经济全球化进入到一个新的阶段。加入世界贸易组织对中国有着重要的意义，它有利于改善中国国际贸易环境，吸引更多的外来投资，同时促进中国改革开放与社会主义市场经济体制发展。加入世贸组织的同时，中国与周边国家和地区也在积极构建地区经济合作和自由贸易区，在中国与东盟领导人第五次会议上，双方达成共识：将在 10 年内建成中国－东盟自由贸易区(CAFTA)。

2001 年 11 月召开的中共十六大提出了全面建设小康社会的目标，围绕着新思想，中国共产党和中国政府提出了许多新政策，主要有：积极推进西部大开发，继续深化改革开放；坚持"引进来"与"走出去"相结合，全面提高对外开放水平；为适应经济全球化和加入世贸组织后的新形势，在更大范围、更广领域和更高层次上参与国际经济的竞争与合作。这些政策都将使我国经济全球化进入新的阶段，同时，也进一步加快了我国融入世界经济的脚步。

回顾改革开放 30 年，在党和国家政策的引导下，我国经济不但实现连年高速发展，而且通过"三步走"逐渐融入了世界经济全球化，这对我国经济保持发展势头、扩大对外贸易，在更高层次、更宽领域更全面的国际合作中吸引利用技术与资金、提高我国国际影响力有着重要的作用。

第二章　国际贸易新理论

第一节　古典国际贸易理论

一、亚当·斯密的绝对成本理论

亚当·斯密是资产阶级经济学古典学派的主要奠基人之一，也是国际分工与国际贸易理论的创始者。在其代表著作《国民财富的性质和原因的研究》(简称《国富论》)中，他提出了绝对成本理论。

斯密分析了分工的有益之处，他认为分工可以提高劳动生产率。原因是：(1)分工能提高劳动的熟练程度；(2)分工使每个人专门从事某项作业，可以节省与生产没有直接关系的时间；(3)分工有利于发明创造和改进工具。他通过举例说明，在生产要素不变的条件下，依靠分工，可以使劳动生产率得到提高。

在斯密看来，适用于一国内部的不同职业之间、不同工种之间的分工原则，也适用于各国之间。他主张如果外国产品比自己国内生产的便宜，那么最好是输出本国在有利生产条件下生产的产品去交换外国的产品，而不要自己生产，即"以己之所长，换己之所需"。斯密认为，每一个国家都可利用适宜于其生产的某些特定产品的绝对有利的生产条件去进行专业化生产，然后彼此进行交换，则对所有交换国家都是有利的。因此，斯密这个理论也称为绝对利益理论。

为了说明这个理论，斯密还举例说明。假定英国和美国都生产小麦和酒，而英国在酒的生产上绝对成本低，美国在小麦的生产上绝对成本低(如表 2-1 所示)。

表 2-1　美国、英国分工前后小麦、啤酒产量对比

		小麦		酒	
		劳动天数	产量(吨)	劳动天数	产量(吨)
分工前	英国	150	120	100	200
	美国	100	120	200	200
分工后	英国	0	0	200	400
	美国	200	240	0	0

根据斯密的理论，英国生产酒，美国生产小麦，同样是各得 120 吨小麦和 200 吨酒，英国节约了 50 个劳动日，美国节约了 100 个劳动日，比起分工前，双方都得到了好处，因而，斯密主张自由贸易。

斯密肯定了国际分工和国际贸易对参与国双方都是有利的，带来了理论和实践的重大突破，这是其进步的意义。但是由此而带来了问题那些在生产方面不具备绝对成本优势的国家，是不是就不能或不必参加国际分工和国际贸易呢？

二、大卫·李嘉图的比较成本理论

大卫·李嘉图是英国工业革命深入发展时期的经济学家，是当时英国工业资产阶级的思想家，代表著作是《政治经济学及赋税原理》。

(一) 比较成本理论的产生

1815 年，英国政府为维护土地贵族阶级利益而修订实行了"谷物法"。"谷物法"颁布后，英国粮价上涨，地租猛增，对地主贵族有利，而严重地损害了产业资产阶级的利益。昂贵的谷物，使工人货币工资被迫提高，成本增加、利润减少，削弱了工业品的竞争能力；同时，昂贵的谷物，也扩大了英国各阶层的吃粮开支，而减少了对工业品的消费。"谷物法"还招致外国以高关税阻止英国工业品对它们的出口。总之，"谷物法"大大损害了英国产业资产阶级的利益，因而英国产业资产阶级迫切要求废除"谷物法"，与土地贵族阶级展开了激烈的斗争。

为了废除"谷物法"，产业资产阶级在全国各地组织"反谷物法同盟"，广泛宣传"谷物法"的危害性，鼓吹谷物自由贸易的好处。而地主贵族阶级则千方百计维护"谷物法"，他们认为，既然英国能够自己生产粮食，那么根本不需要从国外进口，所以反对在谷物上自由贸易。

这时，产业资产阶级迫切需要找到谷物自由贸易的理论依据，李嘉图的比较成本理论在进行废除"谷物法"的论战中应运而生。李嘉图认为，英国不仅要从外国进口粮食，而且要大量进口，因为英国在纺织品生产上所占的优势比在粮食生产上的优势还大，故英国应专门发展纺织品生产，以纺织品出口换取粮食，取得比较利益。

（二）比较成本理论的主要内容

李嘉图的比较成本理论是在亚当·斯密绝对成本理论的基础上发展起来的。根据斯密的观点，国际分工应按地域、自然条件及绝对的成本差异进行，即一个国家输入的商品一定是生产上具有绝对优势、生产成本绝对低于他国的商品。李嘉图进一步发展了这一观点，他认为每个国家不一定要生产各种商品，而应集中力量生产那些利益较大或不利较小的商品，然后进行国际贸易，在资本和劳动力不变的情况下，生产总量将增加，如此形成的国际分工对贸易各国都有利，即"两优取其最优，两劣取其次劣"。

李嘉图以葡萄酒和毛呢的例子来论述其思想(如表 2-2 所示)。

表 2-2 英国、葡萄牙分工前后葡萄酒、毛呢产量对比

		葡萄酒		毛呢	
		劳动天数	产量	劳动天数	产量
分工前	英国	120	Y 单位	100	X 单位
	葡萄牙	80	Y 单位	90	X 单位
分工后	英国	0	0	200	2X 单位
	葡萄牙	160	2Y 单位	0	0

从表 2-2 中看出，假设 X 单位的毛呢与 Y 单位的葡萄酒交换，在两种商品上英国都不具有优势，葡萄牙却都具有优势，于是葡萄牙生产相对优势较大的葡萄

酒,英国生产相对劣势较小的毛呢。同样是各得 Y 单位的葡萄酒和 X 单位的毛呢,英国节约了 20 个劳动日,葡萄牙节约了 10 个劳动日,双方都得到了好处。由此可见,这种国际分工和国际贸易对两国都是有利的。

李嘉图认为,在资本与劳动力在国际间不能自由流动的情况下,按比较成本理论的原则进行国际分工,可使劳动配置更合理,各国生产总量都增加,对贸易各国均有利,但前提是必须进行自由贸易。

第二节　新古典国际贸易理论

新古典国际贸易理论是站在传统国际贸易思想的基础上,引入许多数学工具,对贸易三大问题进行再次探讨。但遗憾的是,新古典国际贸易理论仍旧没有突破贸易三大问题。

一、威廉·陶西格的国际贸易理论

(一) 理论假设

1. 对李嘉图的比较成本思想的修改

陶西格从实际情况出发,突破了李嘉图劳动时唯一生产要素的假设,把资本引入进来。他认为,生产成本不仅要包括劳动的报酬而且要包含资本的报酬(即利息)。如果两个国家生产不同商品时资本—劳动比例相同,利息也相同,那么利息就不会影响商品的相对价格,也不会影响比较利益的状况;而当两国资本—劳动比例不同而利息率的高低也存在差异时,则对于使用资本较多的商品而言,在利率较高的国家就会有较高的成本和较高的价格,而在利率较低的国家则会有较低的成本和较低的价格。因此,资本价格较低的国家就会获得价格的比较优势。

2．规模收益不变的假设

陶西格还修改了李嘉图关于单位成本不变的假设。陶西格认为生产成本存在规模效益递增和规模效益递减的情况，生产升本递增和递减的情形对国际贸易具有重要影响。一地区生产某种货物会在规模效益的影响下有较大的成本优势。

3．引入多种商品和货币

在李嘉图贸易模式的基础上，陶西格创建了多个产品和货币的贸易模式。他认为，国际贸易是一货币为媒介进行交换的，也会按照多种商品的比较成本原理进行，只不过其讨论更为严格。

陶西格建立这么多的假设，但在实际讨论过程中，他略去了利息和汇率的讨论，认为商品价格由货币工资决定。

(二)　陶西格的理论模型

陶西格认为生产费用差异存在 3 种不同形式，即生产费用的绝对差、生产费用的均等差、生产费用的比较差。国家间的贸易模式会以这 3 方面的差异为基础来确定。

生产费用的绝对差导致的贸易格局可以用表 2-3 来说明。

表 2-3　生产费用的绝对差异导致的贸易影响示例表

项目 国家	每日工资	总工资	10 个劳动日产品	国内供给价格(每磅或每码)
美国	1.5 元	15 元	铜 30 磅 麻布 15 码	0.50 元 1.00 元
德国	1.0 元	10 元	铜 15 磅 麻布 30 码	0.67 元 0.33 元

1 磅=0.45359237038038 千克．1 码=0.91439999861011 米．

由表 2-3 可知，在德、美两国中，关于铜的价格，美国要低于德国，麻布的价格则是德国低于美国。于是美国将向德国出口铜，而德国则向美国出口麻布，贸易的发生对两国均有利。由此可以得出结论，生产费用的绝对差使得国际贸易发生，每个国家将生产其成本最低的产品，也就是利益最大的产品。

生产费用均等差而导致的贸易影响可以用表 2-4 来说明。

表 2-4   生产费用均等差异导致的贸易影响示例表

项目 国家	每日工资	总工资	10 个劳动日 产品	国内供给价格(每磅或每码)
美国	3.0 元	30 元	铜 30 磅 麻布 15 码	1.00 元 2.00 元
德国	1.0 元	10 元	铜 20 磅 麻布 10 码	0.50 元 1.00 元

从产量上看，美国无论在铜的生产还是在麻布的生产方面，跟德国相比均有绝对优势，并且其在两种产品的生产上优势是相同的。贸易前两国的物体交易条件相同，没有国际间交易的必要，且贸易的发生没有纯利的存在。在存在成本均等差情况下，进行国际贸易无利可图。

生产费用的比较差导致的贸易影响可以用表 2-5 来说明。

表 2-5   生产费用比较差异导致的贸易影响示例表

项目 国家	每日工资	总工资	10 个劳动日 产品	国内供给价格(每磅或每码)
美国	1.5 元	15 元	铜 30 磅 麻布 20 码	0.5 元 0.75 元
德国	1.0 元	10 元	铜 10 磅 麻布 15 码	1.00 元 0.66 元

表 2-5 表明在两种商品的生产上，美国都优于德国，但程度不同。在铜的生产上，美国优势更为明显，产量比例为 30∶10，而在麻布生产上比例是 20∶15。这意味着美国在铜生产上有比较利益。德国在两种商品的生产上效能都比美国差，但在麻布生产上不利程度较低。美国工资与德国相比多 50%时，美国将向德国出

口小麦进口麻布。国际贸易产生并对德、美两国均有利。两国在此适宜的范围内，将各自生产其有比较利益的货物。

二、哥特弗里德·哈勃勒的国际贸易理论

　　哥特弗里德·哈勃勒的国际贸易理论特殊性在于他将经济学中的机会成本引入进来，提出了生产可能性曲线。机会成本是指经济主体为了得到某种东西所必须放弃的东西，机会成本的引入使国际贸易理论有宏观与微观紧密结合。

　　从动态的角度分析机会成本，可以将机会成本划分为不变边际机会成本和递增边际机会成本两类。不变边际机会成本是指增加任一单位某产品的生产所必须放弃的另一种产品数量均相同，它是建立在生产要素单一且同质的假设前提下，在实际情况中极为少见；递增边际机会成本是指随着一种产品产量的增加，每增加一单位该产品的生产，必须牺牲的另一种产品的数量越来越多。边际机会成本递增是和边际生产成本递减规律相关的，随着生产要素投入的增加，生产另一产品的数量也会不断增加。因此，边际机会成本将不断上升。

(一) 生产可能性曲线的含义

　　生产可能性曲线是指在资源既定的条件下所能达到的两种产品最大产量的组合轨迹，主要表示资源在不同产品生产中的分配所形成的替代关系。在坐标系中的任一点都表示了这个国家可充分利用资源所能生产的两种产品的产量组合。曲线上的各点表示在生产中充分而有效地利用了资源，生产可能性曲线上点的斜率表示增加生产一单位的某商品所必须牺牲另一种商品的数量。

(二) 机会成本不变时的生产可能性曲线分析

　　当边际机会成本不变时，两种产品的生产可能性曲线是一条直线(如图 2-1 所示)。这一情况仅仅出现在李嘉图单一同质的劳动生产要素理论之中。

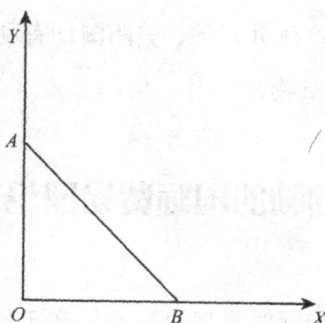

图 2-1　生产可能性曲线(边际机会成本不变)

（三）机会成本递增时的生产可能性曲线

当两种产品的边际机会成本递增时，这两种产品的生产可能性曲线则是一条凹向原点的曲线(如图 2-2 所示)，这种情况比较符合现实。

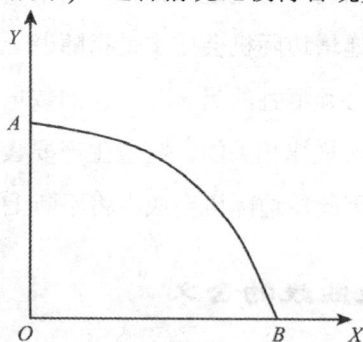

图 2-2　生产可能性曲线(边际机会成本递增)

三、赫克歇尔和俄林的要素禀赋理论

（一）要素禀赋理论的相关概念

(1) 生产要素。生产产品时所必须具备的主要因素，或在投入或使用中要采取的主要手段；

(2) 生产要素价格。取得生产要素要付出的报酬；

(3) 要素密集度。生产一单位产品时某种要素所占的比例大小。如果某要素投入比例大，则称该要素密集程度高；

(4) 要素密集型产品。依据生产要素在产品生产中的比例不同，把产品分为不同的要素密集型产品；

(5) 要素禀赋。一国拥有各种生产要素的数量；

(6) 要素丰裕。一国生产要素的供给在国际上所占比例远大于别国同种比例，价格上也远低于别国同种要素的相对价格。

(二) 要素禀赋思想的基本假设

要素禀赋思想基于一系列简单的假设前提，包括以下 9 个主要方面：

(1) 只有两个国家、两种商品、两种生产要素(劳动和资本)；

(2) 两国的技术水平相同；

(3) X 产品是劳动密集型产品，Y 产品是资本密集型产品；

(4) 两国在两种产品的生产上规模经济利益不变；

(5) 两国进行的是不完全专业生产；

(6) 两国的消费偏好相同；

(7) 在两国的两种商品、两种生产要素市场上，竞争是完全的；

(8) 在各国内部，生产要素是能够自由转移的，各国间生产要素是不能自由转移的；

(9) 假定没有运输费用，没有关税或其他贸易限制。这意味着生产专业化过程可持续到两国商品相对价格相等为止。

(三) 赫克歇尔与俄林的要素禀赋理论内容

1. 赫克歇尔的要素禀赋思想

赫克歇尔的要素禀赋理论主要从成本的角度考虑国际贸易发生的可能性。他认为，导致国际贸易发生的比较成本差异前提条件主要有两个：一是两国具有不同的要素禀赋，二是不同产品生产过程中需要使用的要素比例不同。赫克歇尔提出了建立在相对资源禀赋情况和生产中要素比例基础上的比较优势思想。他还从这一点出发，进一步推断出国际贸易对要素价格的影响。

2. 俄林的要素禀赋思想

俄林的要素禀赋理论与赫克歇尔之间的不同就在于俄林把"空间"作为一个重要的要素。他认为，由于空间的存在，一些生产要素的自由移动产生了运输和其他障碍阻碍了生产要素的自由移动。

俄林大概接受了教育心理学的多元智能理论，认为人们在个人能力上天生存在差异。在这个基础上，他将对个人经济行为的分析推演至国家的经济行为。各国因为地理条件和社会条件的限制，最适合与运用相对丰裕的要素，最不适合于运用量最小的生产要素。俄林把这归结为生产要素的原因。俄林认为："区域或国际贸易发生的直接原因是商品价格的国际绝对差异。商品价格的国际绝对差异是指同种商品价格用相同货币表示时仍存在差异，而商品价格的国际绝对差异又是因为商品的地区或国家的价格相对差异产生的，这种商品价格的相对差异就是由上述决定供求关系的 4 种具体因素构成的。后面的条件，即到处相同的物质界的自然的不变的物质，在适当考虑生产要素价格的情况下，决定生产要素的结合，也就是技术过程，从而影响对商品的需求转化为对这些生产要素的需求。"

第三节 现代国际贸易理论

一、技术差距思想与产品生命周期思想

（一）技术差距理论

1. 主要观点

技术差距论是由美国经济学家波斯纳在 1961 年的《国际贸易和技术变化》一

文中首先提出的，后由其他经济学进一步论证。

大量发生在工业化国家之间的贸易是建立在新产品和新的生产方法发明的基础之上的。由于对专利和商标的保护，使得新产品的发明国在世界市场上暂时处于垄断地位，成为主要生产和出口国。其他国家模仿新产品存在技术差距，需要一段时间才能实现。新产品的发明国一般是技术最先进的国家，但是随着技术转移，其他国家开始模仿，创新优势逐渐丧失，出口下降，甚至可能进口该产品。技术先进的国家又开始生产和出口更新的产品，外国生产者又开始模仿。

技术变化的动态因素往往更加重要，如果技术经历了彻底地改变，就会产生新的产品。创新国的比较利益往往产生于新产品进入国际市场的初期。随着技术创新的不断进步，别国对该产品的消费仍需通过进口得以满足，技术差距将持续存在。

2. 技术差距或滞后的分类

波斯纳根据理论的实际情况，把技术差距或滞后分为需求滞后、反应滞后、掌握滞后和模仿滞后。

需求滞后是指创新国在国际市场上提供新产品后，其他国家消费者从没有产生需求到逐步认识到新产品的价值而开始进口的时间间隔。从当代经济发展的情况来看，这一时间取决于创新国的技术推广力度。

反应滞后是指新产品在创新国生产以后被推广到模仿国至模仿国决定自行生产的时间。决定反应滞后的因素有多种，其中最主要的因素是模仿国的需求滞后时间，另外还和模仿国的需求弹性、灌水、运输成本等因素相关。

掌握滞后始于需求滞后是指模仿国决定模仿到生产技术水平达到创新国的时间间隔。从创新国的角度说，这个时间的决定因素在于创新国技术转移的程度和时间；从模仿国的角度说，这个时间还和模仿国的需求强度以及模仿国的人员素质水平等有关。

模仿滞后是指创新国制造出新产品到模仿国能完全仿制这种产品的时间间

隔。模仿滞后由反应滞后和掌握滞后所构成。

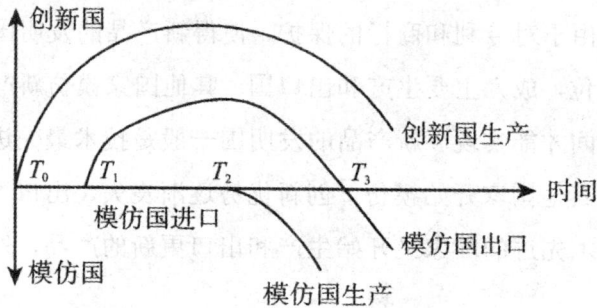

图 2-3　技术差距理论模型图

(二) 国际贸易的产品生命周期理论

产品生命周期是一个营销概念，是指产品的投入、成长、成熟和衰退等阶段。产品生命周期理论由美国经济学家弗农于 1966 年在《经济学季刊》5 月号上发表的《生命周期中的国际投资与国际贸易》一文中首先提出的，随后又由其他经济学家进行了完善。

1. 产品生命周期模型

弗农产品生命周期理论是建立在波斯纳技术创新理论的基础上的。他把波斯纳的创新国与模仿国的概念分为 3 类国家，分别是技术创新国家(如美国)、工业发达国家(如日本)、发展中国家(如中国)这 3 类国家在国际贸易的过程中有不同的优势。技术创新国家在技术和资本上比较充裕，工业发达国家则在资本上相对充裕，发展中国家在劳动力上十分充裕。弗农在要素禀赋理论的基础上，认为品也和有机物一样，存在着产生、发展、成熟、衰退和消亡的过程，随着技术的扩散，产品一般也要经过新生期、成长期、成熟期和衰退期。根据产品生命周期各阶段的不同特点，新产品的产品生命周期可以分为 5 个阶段：新产品阶段、产品成长阶段、产品成熟阶段、标准化阶段、创新国退出阶段(如图 2-4 所示)。

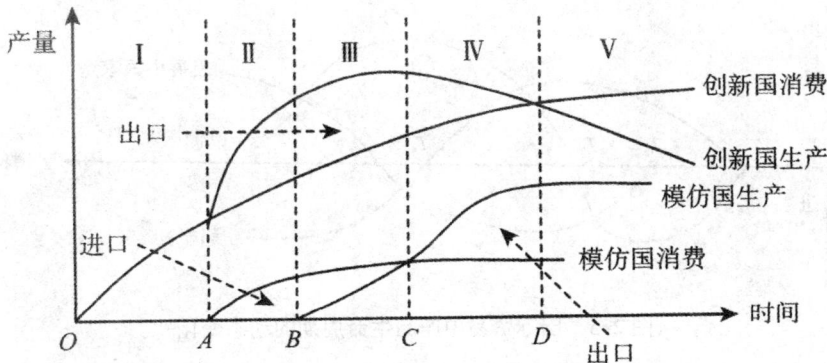

图 2-4　产品生命周期理论模型

在新产品阶段，新产品未定型，仅仅在创新国生产和消费。

在产品成长阶段，创新国对新产品进行了完善，不断满足国内外市场的需求，产量和销量提高迅速。在这一阶段，工业发达国家和发展中国家都不能生产该类产品，创新国获取较大利润。产品的出口也仅仅是面向工业发达国家。

在产品成熟阶段，创新国为新产品定型新产品生产的技术标准，开始标准化生产，模仿国开始模仿并自行生产，但仍需进口新产品。在这一时期，其他发达国家的厂商的新产品在本国市场上能与美国的产品相抗衡，故减少进口规模。

在标准化阶段，其他发达国家的产品参与新产品的出口市场竞争。其他发达国家生产新产品以后，销路逐渐打开，市场不断扩大，取得了大规模生产的经济效益，成本进一步下降。发展中国家在劳动力成本上更具优势，将持续扩大产品的生产。创新国在这一领域的生产持续下降。

在创新国退出阶段，创新国成为该产品的进口国，又致力于新的技术革新并推广新产品。

2. 产品生命周期的动态变化

新产品的生命周期在创新国结束，但其他生产这一产品的发达国家可能处于周期的第三或第四阶段。同时，发展中国家很可能在国内开始生产这种产品，并逐渐向发达国家增加出口。这种新产品的生命周期，在生产国之间呈波浪式推进。

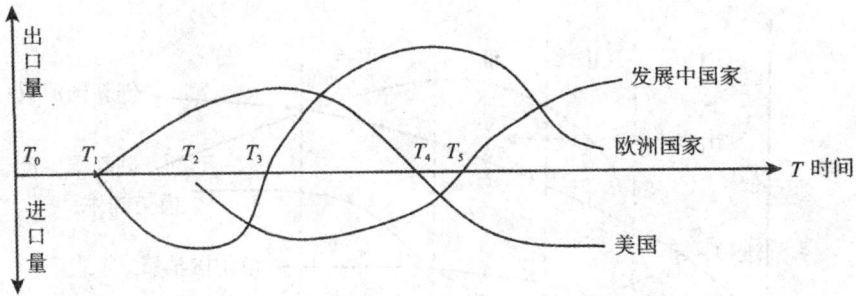

图 2-5　国际贸易中产品生命周期的动态变化

图 2-5 说明了 3 个类型国家产品的生命周期变化。由此图可以总结产品的生命周期特点如下：

第一，生产要素动态变化。工业制成品的生产要素随产品在不同国家生命周期的变化而动态转移。在不同的阶段，3 类国家生产产品的生产要素随着产品的技术研发阶段而发展变化。该产品产业从技术密集型转化为劳动密集型产业。

第二，贸易国比较利益的动态转移。随着生产技术的提高，比较优势在各国之间快速转换。生产某些产品具有比较优势，这些围家一方面可以把处于生命周期早期阶段的产品出口到欠发达国家，另一方面又可以把处于后期阶段的产品出口到比他们发达的国家。

二、生产要素流动理论

生产要素的国际流动与国际商品贸易在经济方面具有相似性，但在政治背景上却有较大差别。就整体而言，与国际商品贸易相比，生产要素的国际流动引起的政治问题更多，受到的约束也更强。国际商品贸易与生产要素的国际流动也有紧密地联系。

（一）资本国际流动理论

1. 垄断优势理论

海默第一个指出利率不能解释对外直接投资，他以不完全竞争为假设前提分析了跨国公司的对外直接投资。任何关于跨国经营和直接投资的讨论都涉及垄断问题，而垄断优势是市场不完全竞争的产物。海默指出跨国公司对外直接投资必须具备两个条件：一是企业必须拥有垄断优势，以抵消与当地企业竞争的不利因素；二是不完全竞争市场的存在，使企业拥有和保持这种垄断优势。

金德尔伯格进一步分析了市场结构的不完全和垄断优势，他认为跨国直接投资的垄断优势主要来源于 4 个方面：一是源于产品市场的不完全；二是源于资本和技术等生产要素市场的不完全；三是源于规模经济引发的市场不完全；四是源于政府课税、征收关税等对进出口限制的措施引发的市场不完全。

2．对外直接投资的产品周期思想

在产品生命周期思想提出后，弗农又于 1974 年发表了《经济活动的区位》一文，修正了产品周期思想，强调跨国企业的寡占行为对产品周期的影响，并相应分为 3 个阶段，分别是创新寡占、成熟寡占和老化寡占。

创新寡占阶段仍然坚持产品周期第一阶段的基本特点，即国内市场条件是产品创新的关键因素；成熟寡占阶段，产品和地区的战略将取决于其他寡头企业的行动和反应，研究与开发、生产和市场购销方面的规模经济构成了竞争对手的市场进入障碍；老化寡占阶段，企业面临着强大的竞争压力，生产区位的选择更多地取决于成本，而不是毗邻市场或寡占反应。

修正的产品周期理论把东道国的区位优势与企业的所有权优势结合起来，揭示了对外直接投资的动因和基础不仅取决于企业拥有的特殊优势，而且取决于企业在东道国所能获得的区位优势。

3．比较优势投资理论

日本经济学家小岛清在其他国家资金流动的基础上创立了比较优势投资理论。他认为，"对外直接投资应该从本国(投资国)已经处于或即将陷于比较劣势的产业——可称为边际产业——依次进行。"从微观角度看，直接投资可使投资者获得更为丰富的利润。从宏观角度看，直接投资将为东道国提供其缺乏的资本、技术和管理知识，促进当地其他生产要素的合理利用，推动东道国的技术进步和经济增长。小岛清在这一基本命题的基础上，得出了以下重要推论：

推论一，国际贸易与对外直接投资的综合思想可以建立在比较优势思想的基础上；

推论二，"边际产业"的概念可以扩大，更一般地称之为"边际性生产"；

推论三，对外直接投资产业转移的顺序是，在投资国和东道国之间"从技术差距最小的产业依次进行移植"，同时，"由技术差距较小的投资国的中小企业做这种移植的承担者"。

（二）劳动力国际流动理论

1. 人口转移的"推—拉"理论

系统的人口转移"推—拉"思想是由唐纳德·博格于 20 世纪 50 年代末提出的。他认为，在市场经济条件下，人口迁移和移民搬迁的原因在于人们可以通过搬迁改善生活条件。因此，人口流动是两种不同方向的作用力相互作用的结果：一种是有利于人口流动的正面作用力，称之为"推力"；另一种是阻碍人口流动的作用力，称之为"拉力"。人口流出地的"推力"的因素主要有自然资源枯竭、农业生产成本增加、农村劳动力过剩导致的失业、较低的经济收入水平等。人口流出地"拉力"的因素则主要有家人团聚的欢乐、熟悉的社区环境、在出生地和成长地长期形成的社交网络等。但比较而言，人口流出地的"推力"比"拉力"要大，占主导地位。在人口流入地的"拉力"则主要是较多的就业机会、较高的工资收入和生活水平、较好的受教育机会、较完善的文化设施和交通条件、较好的气候环境等。人口流入地"推力"的因素则主要是流动可能带来的家庭分离、陌生的生产与生活环境、激烈的竞争、生态环境质量下降等。综合来看，人口流入地的"拉力"比"推力"更大，占主导地位。

2. 刘易斯"古典"劳动力流动模型

刘易斯是二元经济学家，他从二元经济结构的角度阐述了"古典"劳动力流动模型，如图 2-6 所示。1954 年，刘易斯发表了《劳动无限供给条件下的经济发展》一文，指出在发展中国家存在着两个截然不同的经济部门，即资本不断增长的部门和资本仅够维持生计的部门。维持生计的部门边际劳动生产率很低，或等于零，或者为负数，因此存在大量的剩余劳动力，其收入主要来源于为资本不断增长部门提供劳动的工资。资本不断增长部门是发展中国家经济发展的主要动力，只要这个部门需要，就可以不断从农村获得无限劳动力。因此，随着资本不断增长部门的生产不断扩大，吸引越来越多的维持生计部门的剩余劳动力，一方面促进经济增长，另一方面则使两个部门的边际劳动生产率趋于相近，最终使得二元经济变成为一元经济。

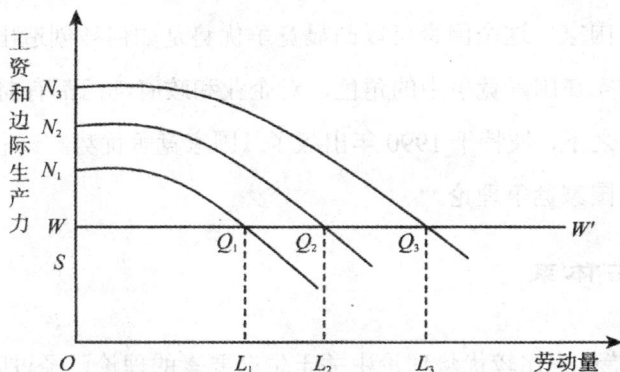

图 2-6 刘易斯的古典劳动力流动模型

刘易斯的劳动力流动模型被引申到国际贸易之中以后，将变成为劳动力剩余国家劳动力大量向发达国家流动，促进两个国家的边际劳动生产力水平提高和下降，从而促进国际贸易。

三、国家竞争优势理论

国家竞争优势理论是哈佛大学商学院著名教授迈克尔·波特提出的。国家竞争优势理论以美国国际经济地位的变化为背景。

学术界关于国际竞争盛衰的说法有 4 种：一是把国家竞争优势看成是由汇率、利率、政府赤字等变量所驱动的总体经济现象；二是认为国家竞争优势源于廉价与充沛的劳动力；三是把竞争力与国家资源丰富与否画上等号；四是认为国际竞争的盛衰是因为各国管理模式有所差异。

迈克尔·波特教授在 1983 年开始致力于研究美国的竞争力问题。经过一年多的研究以后，波特认识到美国各界缺乏对"竞争力"的共同认识。企业认为竞争力是全球化战略在世界市场中竞争的能力；国会议员看待竞争力是国家在进出口贸易上的顺差；经济学家认为竞争力是汇率变动、调整而形成的低廉单位劳动力成本。波特综合了这些人的看法，确信，"在企业竞争的成功问题上，国家环境确实扮演了关键角色，而有些国家所提供的环境似乎比其他国家更能刺激产业进步和升级，由于'国家'这个因素可以凸显竞争优势是如何被创造出来并得以保持的，所以了解国家在国际竞争中的角色，对企业和政府部门都有益处"。

在这个观念之下，波特于 1990 年出版了《国家竞争优势》一书，提出了著名"钻石体系"的国家竞争理论。

（一）钻石体系

迈克尔·波特认为比较优势理论中关于生产要素的理论已经过时，取而代之的是国家良好的环境在竞争力之中的巨大优势。波特认为一国竞争优势的根本在于该国是否形成了有效的创新机制和充分的创新能力，这是提高该国劳动生产率的源泉，也是形成该国竞争优势的根本。"国家是企业最基本的竞争优势，因为它能创造并保持企业的竞争条件。国家不但影响企业所做的战略，也是创造并延续生产与技术发展的核心"。

迈克尔·波特认为影响一国的某个产业或者产业环节在国际竞争中具有优势的有 4 个基本因素和 2 个辅助因素。4 个基本因素为：生产要素、需求条件、相关与支持性产业、企业战略、结构与同业竞争；两个辅助因素为：政府和机遇。这六个要素相互影响，彼此互动，形成一个完整的钻石体系(如图 2-7 所示)。钻石体系以 4 大基本要素为支撑点，彼此环环相扣，组成动态的竞争模式；在这场不得不打、不能不赢的竞争力圣战中，波特的这套思想将为政府与民间描绘出实际可行的升级进程。

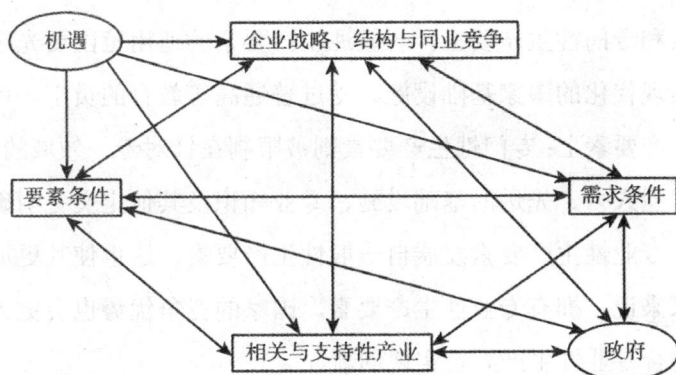

图 2-7 完整的钻石体系

1. 生产要素

生产要素是国家经济成长的天然条件。在波特的思想中，"生产要素的角色还有更深层的意义。大多数产业的竞争优势中，生产要素通常是创造得来而非自然天成的，并且会随各个国家及其产业性质而有极大差异。因此，无论在任何时期，天然的生产要素都没有被创造、升级和专业的人为产业条件重要。更有趣的是，不虞匮乏的生产要素可能会反向抑制竞争优势"。

迈克尔·波特认可了要素禀赋理论的之中关于生产要素的定义，并把他细分为土地、劳动力和资本。但是他认为生产要素与一个国家的竞争力是否有关的关键在于他们在被应用时所产生的效率与效能，取决于企业应用生产要素时所采取的决策。

迈克尔·波特根据生产要素在国家竞争中产生的机制和作用将其划分为初级生产要素和高级生产要素两种类型。迈克尔·波特划分的标准是获得生产要素的难度。初级生产要素是一国先天拥有的不需太多投资便能得到的要素，包括自然资源、气候、地理位置等；高级生产要素则是指必须通过长期投入和培训才能创造的生产要素，包括现代化的基础设施、高等教育人力资源和各大学的研究所等。在现代国家竞争中，一个国家的生产要素优势大多需要长期的技术开发和投入。而且，对于国家整体竞争优势的整体贡献来说，初级生产要素的竞争优势贡献越来越低。

迈克尔·波特还根据生产要素在生产之中发挥的作用，将生产要素划分为一般性生产要素和专门性生产要素。一般性生产要素的适用范围要光宇专门性生产要素，通常指现代化的国家基础设施、受过普通高等教育的员工，可以被应用在各个领域的生产要素上；专门性生产要素则被限制在针对专一领域的生产事业上，主要包括技术型人力、先进的基础设施、专业知识及其他定义更明确且针对单一产业的因素。专业性生产要素发展自一般性生产要素，这也使其更加难得。但是对于整个国家来说，拥有专业性生产要素，国家的竞争优势也会更大。而且国家也能够通过整合专业性生产要素实现创新。

由此看来，一个国家要经由生产要素建立强大而又持久的竞争优势，必须发展高级生产要素和专业生产要素。这两类生产要素的发展程度决定了这个国家竞争优势的质量以及竞争优势将继续升级或被赶上的命运。

2. 需求条件

需求条件在迈克尔·波特的钻石体系之中的第二个基本要素。需求条件总体上可以划分为内需条件和外需条件，内需条件则更加重要一些。内需条件借助对规模经济的影响力提高了国内的生产效率。从竞争优势的观点出发，国内市场需求质量比市场需求数量更加重要，因为需求的效果才能转化成为该国企业的竞争优势。

在产业竞争问题上，需求的影响力主要通过客户需求的形态和特征来施展。企业从市场上得到关于客户的需求特征，及早安排产品的生产和创新。如果市场的需求条件比较苛刻，企业将不断改善和创新自己的产品，从而形成更加精致的竞争优势，进而成为这个国家的产业竞争优势。

市场需求条件对国家竞争优势要有贡献，还需具备以下 3 项特色：

第一，市场需求结构更加细化。"当一个国家的内需市场和国际市场的主要需求相同、而其他国家却没有这样的条件时，这个国家的厂商就比较容易获得竞争优势。……因为它能够调整企业的注意方向和优先发展顺序，能够代表国际需求重点的国内需求特点比国内市场的需求规模更能影响产业的国家竞争优势。"。

第二，专业而且挑剔的客户。专业而挑剔的客户能够为本国厂商追求高质量、完美的产品造型和精致服务提供压力来源。如果本土客户对产品、服务的要求或挑剔程度在国际间数一数二，连带会激发该国企业的竞争优势。

第三，客户对市场产品的较高预期。本国市场最先对某项产品或服务产生需求，会使本国企业比外国竞争对手更早行动，发展该项产业，进而在未来可能带动各地同类型的需求。

3．相关与支持性产业

相关产业也是一个产业竞争优势的重要支持。一个产业的上下游企业创新能够给产业的发展提供更先进的原料支持和更为苛刻的客户要求。

上下游产业的支持和压力有扩散效应。上游产业有效率，下游产业也才会有效率。在产业链条中，产业间竞争优势的带动效应表现在以下几个方面：

首先，上下游产业的联动效应能够使得产业对预期快速有效率的进行反映。

其次，上下游厂商之间能够持续、协调进行合作。

再次，相关产业内部存在"提升效应"。本国产业之间的互补关系通过在技术、流程、销售、市场或服务上的竞争关系，实现企业竞争力的提升。"提升效应通常与产品的互通技术比例的高低有关。不过，提升效应最强的时机通常是在产业生命周期的初始阶段，受益最明显的是那些行动快的企业"。

4．企业战略、结构与同业竞争

企业是发展国家战略的基本细胞。企业的目标、战略和组织结构往往会根据一国战略的差异而不同；国家竞争优势也就会因为国家竞争战略的差异而带来不同。

国家环境对企业竞争力的影响是通过民族文化以及国家所指定的战略目标来实现的。民族文化通过教育、培训、培养领导人才和创新人才，从而为企业搭建团队与组织的关系，提高员工的创新方式，为企业确定决策、处理与客户关系确定基础。民族文化还能影响到企业对国际化的态度以及对劳资关系的判断。

民族文化影响企业的方式很难找到一定的规律，可以说是企业发展的各个方面都能找到企业文化的影子。简单地说，比较重要的层面主要有，人民对待权威的态度、国内人际交往的方式、员工和主管之间的关系、社会对个人或组织行为的规范乃至专业标准，等等。

从企业的目标、战略和组织结构来说，各国不同的产业战略发展目标都会影响企业劳资双方的工作意愿。如果一国能将发展目标和本身的竞争优势结合起来，产业成功的希望就会很大。

"创造与持续产业竞争优势的最大关联因素是国内市场强有力的竞争对手"。在国际竞争中，一国成功的产业必然要先经历国内市场残酷的竞争，迫使企业进行改进和创新，而国际市场则是企业现有需求的延伸。从国家整体的竞争优势角度来说，整个产业的规模更加重要。同业的竞争压力会促使企业不断提高自己的服务质量、研发新产品和新工艺。

5. 机会

在产业的成功史上，"机会"这个角色一直很重要。一般来说，机会与国家环境无关，甚至不是政府所能影响的(在计划经济国家除外)。"可能形成机会、影响产业竞争的情况大致有以下几种情形：基础科技的发明创新、传统技术出现断层、生产成本突然提高、全球或区域市场需求剧增、外国政府的重大决策及战争等"引发机会的事件是打破原本状态扩展竞争空间的重要因素，这些事件使得能够在产业之中参与竞争的主题重新回到无序的状态，企业在无序状态中重新进行创新和开发，从而满足新需求。同一引发机会的状态对不同的国家所引发的需求不尽相同。第二次世界大战以后，同为战胜国，中国、美国、苏联各有不同的发展路径。即使是在相似的文化环境之中，同样饱受战争创伤的英法两国，发展路径也完全不同。

6. 政府

政府是国家竞争力体系之中的一个重要因素，是所有因素的领导者。政府对于其他要素来说既可以起到正面的作用也可以起到负面的作用。良好的政策有利于企业运用好机会和生产要素去创新产品，满足国内外竞争者的需求；坏的政策则会打消企业生产的积极性。因此，政府政策对企业来说是一个"能载舟亦能覆舟"的角色。如果政府能够抓住机会，推出适当政策刺激企业发展，就可以长期持续的提高国家的竞争力。

政府政策的影响力还需要其他因素的有效配合。"产业发展如果没有其他基本要素的配合，政府政策再帮忙，也是扶不起的阿斗。若政府政策是运用在已经具备其他基本要素的产业上面，就可以强化、加速产业的优势，并提高厂商的信心，但政府本身并不能帮助企业创造竞争优势"。

(二) 竞争力的启动

从一个国家的角度看，各国竞争力的体现不仅在于一国企业的单独发展，更在于一国的整体实力。因此，各国竞争力的快速发展需要一国钻石体系内因素的紧密配合。

1. 生产要素的培养模式

当国家的生产要素与国家竞争优势关系密切时，通常特别容易受到其他基本要素的影响。国家较强的竞争力建立在高级的、专业性的、具有创造力和提升力的生产要素基础之上。前文已经提到这样的生产要素的获得并非一件易事，而是要通过复杂的投资过程获取。从各国发展的经验来看，如果各国专注于高端生产要素非均衡的投资，最终将会形成产业间的明显差距，不利于国家竞争力的长期发展。图 2-8 显示了生产要素创造的情况。

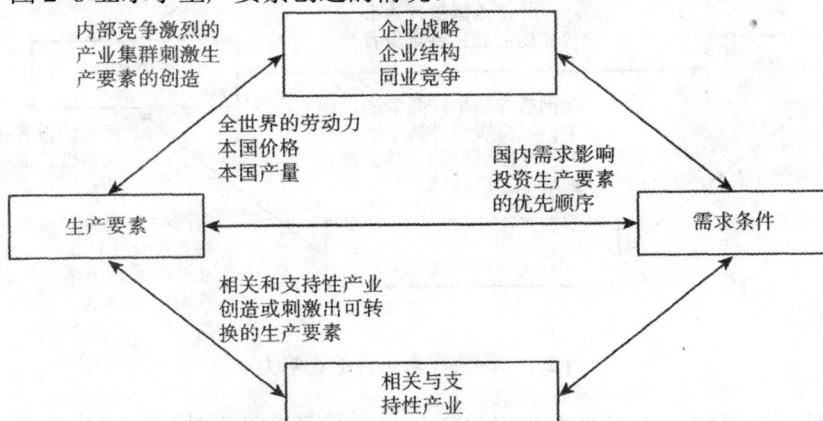

图 2-8　生产要素的创造情况

从图 2-8 可知，国内竞争对手对生产要素的创造情况影响最大。首先，厂商在残酷的竞争中，因为害怕落后，往往会对生产要素的要求更加苛刻，会从更加专业的条件上去培植适合自己的生产要素。其次，需求条件和相关产业都对生产要素有关键性的影响。"相关产业则会影响各种生产要素的结构和形成比重。相关产业的运作会刺激专业性生产要素的创造和升级，这些要素通常是可以转换的。当几种产业组成产业集群时，所形成共同的供应、技术和环境条件，也会促使政府、教育机构、企业和个人对生产要素和产业动力投入更多的资本。专业化的环境建设被扩大、形成扩散效应时，又会进一步造成供应增加与生产要素的质量提升。有时，随着产业集群的专业化基础建设逐步完备，一些全新的产业因此而发达"。竞争和相关产业的带动并不是自觉形成的，厂商必须要认真观察、积极投资，刺激他们的形成。

2．需求组合，千变万化

一国产业的国内市场需求条件是该国国内人口、气候、社会文明规范以及其他经济体性质的综合反映。在钻石体系内，这个要素与其他要素的关系是相互融合的。

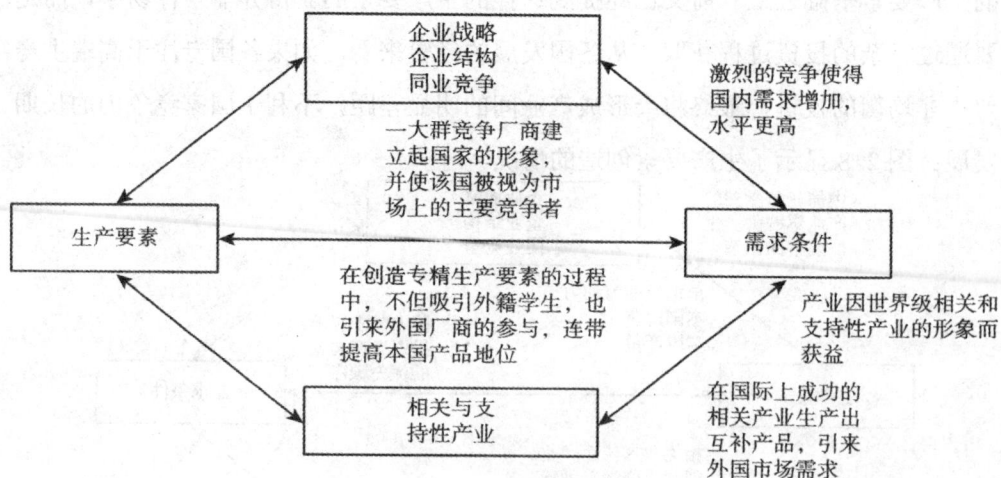

图 2-9 国内需求条件的影响力

由图 2-9 可知，生产要素和相关产业的结合可以吸引外国的学生和企业前来学习，同时带来了产品和服务的外国需求；相关产业能够强化一个产业的产品国际化需求，而且可以改善产品的内需市场条件；激烈的企业和产业内部竞争会增加国内需求。从这些元素对需求条件的影响来看，国内和国际两大市场需求条件的改善因素和过程是多元化的，但毋庸置疑的是，更加高级的需求竞争因素可以主导国家产业竞争力的提升。

3．相关与支持性产业的发展

国家中一个产业的竞争实力的提升，需要与之相关产业的大力支持。图 2-10 说明了相关产业发展过程中对其他竞争元素的影响力。

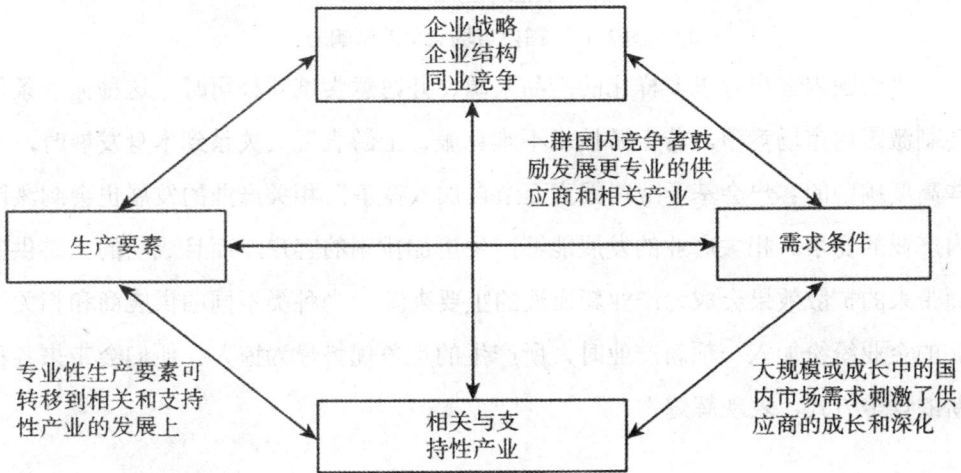

图 2-10　相关产业发展时的影响力

随着知识的传播，由生产要素创造的新技术具有扩散效果，相关的产业也能获得好处。关联产业的发展则需要安排国内严格市场需求条件，实现产业的竞争，促进创新。下游产业的客户竞争激烈，施加在供应商身上，供应商就要不断进行创新和进步，从而满足客户的需求。供应商的创新和进步还要求上有的产业提供更好的产品。

4．国内同业竞争

与其他生产要素一样，国内同业竞争也受到其他要素的影响，一般来说，会影响到国内企业的数目、技巧和战略(如图 2-11 所示)。

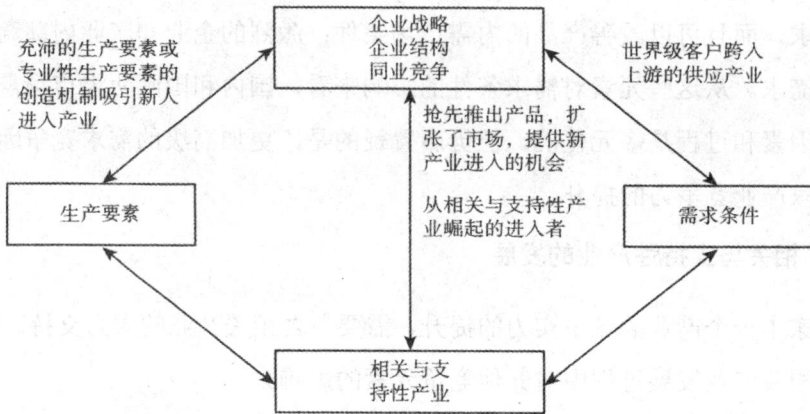

图 2-11　国内市场竞争的影响力

　　"当国内客户寻求多样化的产品来源、并愿意尝试新公司时，这种需求条件会刺激国内市场竞争。若上游技术不难克服、上游表现又关系到本身发展时，一些高度挑剔的客户会基于战略因素而亲自加入竞争"。相关产业的发展也会刺激国内产业的竞争。相关产业的发展能够产生更加挑剔的客户，而且成功的上游供应商带来的扩散效果会成为产业新血液的主要来源。"当种类不同的供应商和相关产业的企业纷纷加入一项新产业时，所产生的竞争优势最为惊人。他们会带来各种新的竞争方式，表现辉煌"。

四、现代国际贸易保护新理论

（一）新保护主义理论

　　新保护主义产生于 20 世纪 70 年代。这一时期资本主义各国普遍经济增长缓慢，出现了通货膨胀和失业率上升的"滞胀"现象，从而导致了新保护主义思潮的形成，其主要代表人物是英国剑桥大学教授高德莱。

1. 新保护主义理论的主要内容

　　新保护主义以凯恩斯经济理论为依据，提出了保护国内就业和维持国际收支为主要目标的保护贸易主张。据此，高德莱提出了保护贸易的理论模式。

高德莱认为在国际贸易存在的情况下，国民收入为：

$$Y = G + \Delta S + PE + X - M$$

式中，Y 为国民收入，G 为政府支出，ΔS 为存货变量，PE 为私人支出(包括个人消费和固定资产投资)，X 为出口，M 为进口。

由于存在政府税收，故在公式两边分别减去税收 T，经整理后可得：

$$G - T = (Y - T - \Delta S - PE) + (M - X)$$

其中，税收 T 和进口 M 与国民收入 Y 的关系分别表示为：

$$T=tY$$

$$M=mY$$

式中，t 为税率，m 为进口倾向。

高德莱进一步指出，一国国民收入的决定和该国的 G、X、t、m 等经济变量密切相关，其关系可以表达为：

$$Y = \frac{G + X}{t + m}$$

如果一国财政收支平衡，即 $G=T$，则有：

$$T=tY: \ G$$

如果一国经常项目国际收支平衡，即 $X=M$，则有：

$$M=mY=X$$

$$Y = \frac{X}{m}$$

因此，一国财政收支平衡和经常项目国际收支平衡条件下的国民收入可以表达为：

$$Y = \frac{G}{t} = \frac{X}{m}$$

上式表明了对外贸易差额对一国国民收入的重要作用，当一国财政政策的实施受制于国际收支状况时，其对外贸易差额将是决定国民收入的唯一决定因素。

据此，高德莱强调指出，应实行奖出限入的保护贸易政策扩大出口来推动国内生产扩张以形成较多的税收，而财政收入增加使政府有能力增加公共投资并有可能减税以刺激私人投资增加。最终这两种投资增加会提高就业水平和国民收入，从而实现国内经济繁荣。

2．新保护主义理论的简要评析

新保护主义主要是为当时欧美资本主义国家出现的"滞胀"现象提供对策，带有较多的实用主义色彩，其理论中并没有太多的新思想，而是更注重政策研究。20 世纪 70 年代以后，非关税壁垒代替关税壁垒成为贸易保护的主要手段就与新保护主义主张强化贸易限制有关。

尽管高德莱并不把新保护主义视为"以邻为壑"，认为保护贸易不一定会减少世界贸易规模。但实际上新保护主义是为欧美资本主义国家转嫁经济危机服务的，它使得发展中国家的贸易条件进一步恶化，南北矛盾更加突出。

（二）战略贸易理论

20 世纪 70 年代中期以来，世界产业结构和贸易格局发生了重大变化。一些发展中国家在世界贸易中的地位迅速提高，并在纺织、家用电器、钢铁等原来发达国家垄断的行业呈现出优势。传统的产业间贸易逐步被发达国家之间的产业内贸易所取代。石油输出国组织联合起来，限制产量并提高石油价格，以此来控制世界石油的市场。世界产业结构和贸易格局的变化，使得各国之间在工业品市场上的竞争越来越激烈。建立在完全竞争基础上的传统贸易理论不能有效地解释国际贸易领域内出现的这些新现象。以美国经济学家克鲁格曼和以色列经济学家赫尔普曼等为代表的经济学家引入了规模经济和不完全竞争解释这些问题，创立了"新贸易理论"。在新贸易理论的基础上，克鲁格曼和加拿大经济学家布兰德、斯潘塞等人以规模经济和不完全竞争为前提，以产业组织理论和市场结构理论为研究工具，提出了战略性贸易政策理论。它动摇了传统贸易理论认为的自由贸易政策的最优性，强调对国际贸易进行政策干预的必要性和合理性，这也是国际经济学领域又一新的里程碑。

1．战略贸易理论的主要内容

战略贸易理论以规模经济和产品差别化为基础，是不完全竞争条件下的保护贸易理论，其实质是主张通过政府对贸易活动的战略干预以创造和凸现比较优势，从而提高本国产业和企业的国际竞争力。

战略贸易理论由以内部规模经济为基础的利润转移论和以外部规模经济为基础的外部经济论两部分内容构成。

(1) 利润转移论

利润转移论认为，一国政府可以通过制定经济政策来剥夺外国厂商的出口利润并转移到本国厂商身上，以促进国内产业迅速发展并打开国际市场。利润转移的主要措施有以下几种：

① 利用出口补贴为本国厂商争夺市场份额。当本国厂商与外国厂商在第三国市场出现寡头竞争时，政府可通过向本国厂商提供出口补贴使其采取进攻性战略，从而迫使外国竞争对手做出让步。

② 利用关税抽取外国厂商的垄断利润。当本国面临外国寡头厂商潜在进入的情况下，政府可通过高关税以抽取外国厂商的垄断利润，从而达到阻止其进入本国市场的战略目的。

③ 以进口保护作为促进出口的手段，当本国战略产业处于发展初期实力不强时，政府可赋予本国厂商在国内市场的销售特权以获取规模经济优势，从而改变不完全竞争下的产业格局。

(2) 外部经济论

外部经济论认为，某些战略产业能够促进相关产业发展从而形成庞大的外部经济效益，但由于自身条件所限难以实现。在这种情况下，一国政府应该向其提供充分的支持，以帮助这些产业和相关产业的加速发展，增强在国际市场上的竞争力。在许多国家高新技术产业的发展中，政府作用尤为明显。

2. 战略贸易理论的简要评析

战略性贸易政策理论建立在 20 世纪 80 年代发展起来的不完全竞争理论和规模经济理论的基础之上，其核心思想是政府应该干预对外贸易、扶持战略性产业的发展，这是一国在不完全竞争和规模经济条件下获得资源次优配置的最佳选择。同时，政府的直接干预可以转移他国利润以提高本国的福利水平。这种理论为国家进一步干预对外贸易活动提供了依据。

　　但战略性贸易政策理论又有着难以克服的弊病，制约了其在实践中的可行性。一是难以准确选择战略性产业，很可能因战略性产业选择错误而造成资源浪费。幼稚产业保护理论也有类似问题；二是战略性贸易政策是一种以邻为壑的贸易政策，以牺牲别国的利益来提高本国福利，这就令该政策很容易引发贸易战，世界贸易规模将因此而缩小，贸易利益下降；三是大部分发达国家同时实行战略性的贸易政策，它们的努力效果会相互抵消，从而各国的潜在收益就会很小。

第三章 国际贸易政策研究

第一节 国际贸易政策的实质

一、对外贸易政策的目的和构成

（一）对外贸易政策的目的

随着国际经济的发展，对外贸易政策已成为国际贸易环境的重要组成部分，对于各国经济发展发挥了至关重要的作用。对外贸易政策是一个国家的总的经济政策的一部分，是一个国家一定时期内实行的进出口贸易政策。

各国对外贸易政策是建立在为国家利益服务基础之上的，代表着国家利益。因此，对外贸易政策的主要目的涉及 5 个方面：一是利用政治和经济手段，降低成本，保护国内市场；二是扩大本国产品的出口；三是促进本国产业结构的改善，优化产业结构；四是积累资金；五是维护本国的对外政治关系。

（二）对外贸易政策的构成

一般说来，一国的对外贸易政策主要由 3 部分组成。

1. 对外贸易总政策

一国的对外贸易总政策是指一国根据本国国民经济的整体状况及发展战略，结合本国在世界经济格局中所处的地位而制定的政策，通常会在一个较长的时期内加以贯彻执行。例如一国实行的是相对自由还是保护贸易政策，因此，它是一国对外经济关系的基本政策，是整个对外贸易政策的立足点。

2．进出口商品政策

在对外贸易总政策的基础上，根据本国的经济结构和国内外市场的供求状况而制定的政策，主要表现为对不同的进出口商品实行不同的待遇。如对有些商品用关税或非关税壁垒来限制进口，或有意识地扶植某些出口部门等。

3．对外贸易国别政策

一国根据对外贸易总政策，结合国际经济格局及社会政治关系等，对不同的国家和地区制定不同的政策，如对不同国家实行差别关税或差别优惠待遇等。

国际贸易政策的 3 个方面内容是相互交织、相互联系的，如进出口的商品政策和国别政策都离不开对外贸易总政策的指导，而对外贸易总政策也只有通过具体的进出口商品政策和国别政策才能体现出来。由于各国经济体制、发展水平、产品竞争力等方面的差异，其对外贸易政策也有所不同，并随着经济实力的变化而不断变化，但其制定对外贸易政策的基本目的是大体一致的。

二、国际贸易政策的制定和执行

（一）对外贸易政策的制定

对外贸易政策是由国家最高立法机构制定和修改的，如美国的国会、英国的议会、法国的国民议会、德国的联邦议会等。这些有立法权的机构制定、修改、通过和颁布与对外贸易有关的各种法令，一般来说，这些法令既包括一国较长一段时期内要实行的对外贸易总的方针和基本原则，又包括某些重要措施和授予行政机构一些特定的权限。例如，美国国会往往会授予总统在一定范围内制定对外贸易的政策、进行立法谈判以至增减关税、决定配额数量等权利。

各国立法机构在制定和修改有关对外贸易政策和法令之前，一般都要广泛征求各个行业和各个经济集团的意见，综合考虑各种因素，以维护国内经济稳定和增长，保持国际收支平衡以及增加就业和劳动者的收入。一国制定对外贸易政策时考虑的因素有以下几个方面：

1．经济力量的强弱

通常情况下，一个国家经济力量的强弱或者说在国际上的竞争力的强弱，决定着这个国家实施什么样的贸易政策。只有那些经济发达、国际竞争力强大的国家，才会有信心参与国际竞争与合作，实行自由贸易政策。而那些经济发展落后、在国际竞争中落后的国家为了保护本国的商品和服务贸易不受侵害，往往采取贸易保护政策。

2．经济发展战略

一个国家的经济发展战略也在一定程度上影响着其对外贸易政策的制定。如果一个国家比较注重国际合作与竞争，采取外向型的经济发展战略，那么这个国家相应地就会制定自由对外贸易政策。否则，就会采取保护贸易政策。

3．利益集团的影响

一个国家中由不同的利益集团占据主导地位，相应地就会采取不同的贸易政策。可以说，一国对外贸易政策的选择在很大程度上取决于该国的利益集团主导者。例如，一国中如果出口集团和外向型企业、进出口商占据主导地位，那么相应地实行自由贸易政策就会很大程度上有利于他们的利益发展，而对那些进口集团的利益则会造成极大损失。所以说，一个国家中占据主导地位的利益集团往往为了更大程度上获取最大的利益，就会制定更加有利于本方的贸易政策。

4．国际政治经济环境和一国的外交政策

一个国家的外交政策在一定程度上和整个国家的对外贸易政策是相互影响、相互促进的。一方面，由于外交上的某些需要，一个国家往往会采取相应的对外贸易政策；另一方面，一个国家的外交战略往往会促进这个国家的对外贸易，促进经济的发展。

除此之外，还需要考虑本国的经济结构、供求状况、物价、就业状况、生态平衡、国际收支以及在世界经济和世界贸易组织中应承担的权利和义务等因素。

(二) 国际贸易政策的执行

各国对外贸易政策的制定与修改是由国家立法机构进行的，而立法机构在制定和修改有关外贸的法令前，一般都要广泛地征求各经济集团的意见。如发达资本主义国家一般要征询大垄断集团的意见，最高立法机关所颁布的对外贸易的各项政策，既要包括一国在较长时期内对外贸易政策的总方针和基本原则，又规定某些重要措施以及给予行政机构的特定权限。外贸政策的具体实施过程则由行政机构负责，政府部门根据有关的法令来制定具体的实施细则，主要有以下几种方式：

(1) 通过海关对进出口贸易进行监督管理。海关是国家行政机关，是设置在对外开放口岸的进出口监督管理机关，负责对进出国境的货物和物品、运输工具进行监督管理，稽查征收关税和代征其他税费、查禁走私等。

(2) 为了实现促进出口和管理进口的目标，政府要在本国内广泛设立各种行政机构。

(3) 积极参与世界范围或区域化的贸易机构与组织，促进国际贸易的协调发展。

第二节　国际贸易政策的历史演变

一国的对外贸易政策受到本国在国际分工体系中地位以及本国产品在国际市场上竞争能力等多种因素的影响。因此，在不同时期，一个国家往往实行不同的对外贸易政策；在同一时期的不同国家，也往往实行不同的对外贸易政策。

一、重商主义贸易政策的历史演变

（一）重商主义产生的时间和背景

重商主义是欧洲资本原始积累时期产生的代表商业资产阶级利益的经济思想和政策体系。它产生于 15 世纪，全盛于 16 世纪和 17 世纪上半叶，从 17 世纪下叶开始由盛转衰。重商主义最初出现在意大利，后来流行于西班牙、葡萄牙、荷兰、英国和法国等地。16 世纪末以后，重商主义在英国和法国得到了重大的发展。

重商主义的产生有着深刻的历史背景。15 世纪以后，特别是地理大发现扩大了世界市场，给商业、航海业、工业以极大刺激，西欧封建自然经济逐渐瓦解，商品货币经济关系急剧发展，封建地主阶级力量不断削弱，商业资产阶级的力量不断增强，商业资本开始发挥突出的作用。与此同时，社会财富的重心由土地转向了货币，货币成为全社会上至国王下至农民所追求的对象，并被认为是财富的代表形态和国家富强的象征。除了开采金银矿，金银货币主要来自商业资产阶级所经营的内外贸易，尤其是对外贸易。另外，西欧一些国家运用国家力量支持商业资本的发展，从而形成了重商主义政策。

（二）重商主义的内容

重商主义分为早期重商主义和晚期重商主义两个阶段。

1. 早期重商主义

早期重商主义者主张禁止货物出口，以防止贵重金属外流，认为这是保留货币的有效手段，这种思想发展成为货币平衡论，即重金主义(或拜金主义)学说体系。

例如，当时的英国为了防止外国人把出售商品得来的货币带到国外去，颁布了两条法令，即消费法和侦探法。消费法规定外国人必须把自己在英国收到的汇款，完全购买英国的商品；侦探法规定对每个"外来的客人"都必须由一个"主人"或"侦探"形影不离地跟踪，把"外来客人"的交易行为统统记录下来，防止他们把货币运出英国，英国的威廉·司塔福特就是代表人物。司塔福特于1581年出版了《对本国同胞若干不同意见之批评的记述》一书，全书用对话体写成，参与对话的有各种等级的人物，有骑士、商人、手工业者、农夫、神学者等。作者以神学者的身份发表意见，既代表了全书的基本思想，也代表了早期重商主义观点。时值英国的圈地运动，书中的各色人物诉说着各自的不平，而且在不幸的原因上互相埋怨着。骑士说："我的种田的邻人、商人先生、亲爱的铜匠和其他手工业者们！你们能够比较容易地保持自己的利益，因为一切物价越比以前贵，你们就把你们的商品和对外出售的你们自己的劳动生产品的价格提得愈高。然而，我们却没有一件可以高价出售的东西。因此就无法弥补我们购进商品的时候所受的损失。"而农业经营者则埋怨土地所有者，指责他们把土地圈了起来变成牧场，他说："这些围栏是经营者普遍衰退的原因。因为这些围栏迫使我们支付更高的地租，而且妨碍我们耕种。这些绵羊是我们的灾祸的来源。"商人和手工业者则把所有的罪恶都归到工人身上，埋怨工人抬高了劳动价格。只有神学者超然站在一切阶级之上，发挥着"超阶级"的真理，代表了早期重商主义观点。早期重商主义者反对进口，认为从外国输入商品是有害的，尤其是输入自己国内能够制造的商品。因为输入商品，就会使货币流出。对此，司塔福特感叹道："凡是我们跟外国人贸易时得到的一切，都一去不复返了；反之，凡是我们英国人相互所赚到的，是留在家里，留在国内的。"

在下面的对话里，反映了作者保护关税的思想。他写道："有一次我问书贾：'为什么在我们国内不能像海外一样，制造白色的和灰色的写字纸。'我听到的答复是，若干时期以前，曾经有一个人着手造纸，但是没有多久，他就把工厂关闭了，因为他看到目前造纸不能像外国那样便宜……这书贾接着又说：'但是我相信如果能够禁止外国货进口，或者只要较高的关税，那么在我们国内很快就可以使造纸成本低于国外。'"显然，早期重商主义者主张实行高关税以阻止进口。

2. 晚期重商主义

晚期重商主义的代表主要有意大利的塞拉，法国的柯尔培尔，英国的马林斯、米塞尔登、托马斯·孟和蔡尔德等，其中托马斯·孟最为著名。

孟是英国晚期重商主义的突出代表和贸易差额论的典型代表，其主要著作有1664年出版的《英国得自对外贸易的财富》等。马克思指出，这部书在100多年之内，一直是重商主义的福音书。因此，重商主义具有一部划时代的著作就是孟的著作。

孟和那些用守财奴眼光死死盯着货币的早期重商主义者不同，他不认为国内货币存量越多越好，他认为货币存量过多会使本国商品价格昂贵，导致出口商品的消费量减少，竞争能力减弱。因此，他主张让国内货币存量保持适度的规模，多余的货币应输出国外换回商品，以便促进双方的吐出和吸收，使国际贸易量进一步扩大。

孟告诫人们，一个国家要增加财富和现金，必须时时谨守这样的原则：在价值上，每年卖给外国的货物，必须比本国消费的外国货物要多。其他一切办法，虽然能使货币暂时流入国内，但归根结底都是枉费心机和有害的。在国际贸易中，最大的问题莫过于进口大于出口，如果一个国家在经过很大努力之后仍不能扭转这种不利局面，就必然日趋贫困，因为既然出超会使国家致富，入超就必然会使国家贫困和落后。他断言国际贸易顺差是获取财富的唯一手段，是衡量一个国家财富多寡的唯一尺度。但是，贸易差额有总和和个别之分，必须加以注意。总和贸易差额是顺差时，个别贸易差额可能是逆差，反之亦然。一个国家每年的贸易差额只要总和是顺差就行，不必要求所有个别贸易差额都是顺差。

因此，晚期重商主义者主张通过奖励出口，限制进口，保证贸易出超，以达到金银货币流入的目的。在出口方面，对本国出口商品给予补贴；商品出口时，退还已缴纳的国内捐税的一部分或全部；减征或免征出口税；禁止重要原料出口，以保证在国内加工后再出口；鼓励外国技术工匠移入，禁止本国工匠出国；压低工资，扶持出口工业；设立有独占特权的殖民地贸易公司，使殖民地成为本国商品的销售市场。在进口方面，课征高额进口关税，限制外国商品进口，禁止消费品特别是奢侈品的进口。

重商主义4个特点，分别是：第一，绝大多数人把货币看成是财富的唯一形态，认为国内贸易只是一种货币的转手活动，并不能增加国家财富，除了开采金银矿外，获得财富的唯一途径就是发展国际贸易。第二，大力主张国家干预经济活动，要求政府用法律手段保护国内工商业，为其提供各种便利条件，促进其发展，壮大国际贸易。第三，主张少买多卖的原则，力争贸易顺差，以便吸收更多的外国货币，增加国家财富，增强国力。第四，以流通领域为研究对象，认为利润或利益来自流通过程，而不是来自生产过程。

二、自由贸易政策的历史演变

18 世纪后半叶，英国开始了产业革命，生产实现了从工场手工业到机器大工业的过渡，工业生产迅猛发展，一跃成为世界的工业制造中心和商品贸易中心。随着生产规模的扩张，英国一方面要从国外市场进口大量的原材料，另一方面又需将大量产品拿到国际市场去销售。而长期实行的重商主义保护贸易政策限制了这些活动的进行，严重阻碍了工业经济的发展。为此，英国新兴的工业资产阶级从维护自身利益出发，与地主贵族展开了激烈斗争，强烈要求实行自由贸易政策。在这一斗争过程中，斯密的绝对优势理论和李嘉图的比较优势理论为资产阶级的斗争提供了理论武器，最后资产阶级取得了胜利。从 19 世纪 20 年代开始，英国转向了自由贸易政策。

英国推行自由贸易政策的重要措施有：①取消外贸经营特权。1831 年和 1834 年，英国先后废止了东印度公司对印度和中国贸易的垄断权，将贸易经营权范围扩大到一般涉外公司；②降低关税税率，缩减纳税商品项目；③废除《航海法》和《谷物法》。《航海法》从 1824 年逐步废除，至 1854 年，英国的沿海贸易和殖民地贸易全部向其他国家开放。《谷物法》是英国政府于 1815 年颁布的旨在限制或禁止谷物进口的法律，1846 年《谷物法》的废除标志着英国自由贸易的胜利；④改变对殖民地的贸易政策。英国对殖民地逐步采取了自由放任的态度，它们不仅可以对任何国家输出或输入商品，而且可以与外国签订贸易协定，建立直接的贸易关系；⑤与外国签定体现自由贸易精神的贸易条约。比如，1860 年，英国与法国签定了"科伯登"条约。根据条约规定，英国对法国葡萄酒和烧酒的进口给予减税待遇，并承诺允许煤炭的出口，法国则保证对从英国进口的一些制成品征收不超过商品价格 30%的关税。

资本主义自由竞争时期，在英国的倡导下，欧洲多个国家都放弃了重商主义保护贸易政策，开始实行自由贸易。这一时期是历史上自由贸易程度最高的一个时期。

三、贸易保护政策的历史演变

资本主义自由竞争时期，在多数国家采取自由贸易政策的同时，当时的后进国家美国和德国从本国实际出发，采取了保护贸易政策。其理论基础是保护幼稚工业理论。

1776 年美国宣布独立，当时，美国是英国原材料的供应地和制成品的销售市场，工业发展十分落后，工业产品与英国相比没有任何竞争力。是否发展以及如何发展本国工业是当时美国亟需解决的重要问题。1791 年，美国的第一任财政部长亚历山大·汉密尔顿向国会提交了一份《关于制造业的报告》，在报告中明确指出了制造业在国民经济发展中的重要地位，极力主张实行保护关税制度，扶持本国工业的发展。德国经济学家李斯特受汉密尔顿思想的影响，对其保护关税理论进行了发展和完善，从当时德国的落后状况出发，提出了保护幼稚工业的理论。

(一) 贸易保护政策的主要内容

1. 主张保护幼稚工业

李斯特认为，一个国家的财富和力量来源于本国社会生产力的发展，提高生产力是国家强盛的基础。财富的生产力远远超过财富本身。他认为，购买国外的廉价商品，从眼前利益看，可能会得到一些实惠，但是从长远利益看，则会影响德国工业的发展。因为这样做会使德国工业长期落后，甚至会成为先进工业国的附属国。他主张德国对幼稚工业实行保护，提高关税，限制进口。这样做，一开始会使国内工业品价格上涨，消费者也会受到损失。但是经过一段时间，德国工业发展起来以后，商品的价格就会下降，甚至低于外国进口商品的价格。更为重要的是，这一政策使德国具备了生产财富的能力，并且提高了国力。

2．经济发展阶段论

李斯特认为，各国的经济发展都必须经过原始未开化时期、畜牧时期、农业时期、农工业时期、农工商业时期不同的阶段。

李斯特认为，在不同的经济发展阶段应采用不同的贸易政策，自由贸易并不适用于每个经济发展阶段。根据其对经济发展阶段的划分，提出了对外贸易的三阶段政策。

第一阶段政策适用于经济发展水平处在第一至第三时期的国家。这些国家对技术先进的国家应实行自由贸易政策，出口农副产品，进口工业品，以此为手段使自己脱离未开化状态，在农业上求得发展，加速工业化。

第二阶段政策适用于经济发展水平处于农工业时期的国家。这些国家应采取贸易保护政策，原因是此时本国工业虽有所发展，但发展程度低，国际竞争力差，不足以与来自处于农丁商业阶段国家的产品相竞争。如采用自由贸易政策，不但享受不到贸易利益，还会令经济遭受巨大冲击。只有采取保护政策，保护本国幼稚工业，才能促进本国工业和对外贸易的发展。

第三阶段政策适用于经济发展水平处于农工商业时期的国家。这些国家也应实行自由贸易政策，因为它们的本国工业具有相当的竞争能力，通过国内外市场的充分竞争，可以促进资源的合理使用和生产力的进一步提高，使国内产业不断保持优势地位。

李斯特认为，当时的西班牙、葡萄牙处于第一阶段，德国、美国处于第二阶段，英国、法国处于第三阶段。德国和美国等落后国家的工业是幼稚产业，还没有成熟，经不起英国廉价商品的竞争，如果不实行保护政策，这些幼稚工业就会被英国的先进工业所摧垮，所以德国应实行保护关税政策。

3．保护的对象与时间

(1) 幼稚工业才需要保护。要使保护得当，需要先行考虑被保护的工业，在经历保护期以后，的确有能自立的前途。即经过保护可以成长起来的，能够获得国际竞争力的产业，才对其加以保护。

(2) 对幼稚产业的保护是有期限的。等到被保护的工业发展了，生产出来的产品能与外国竞争时，便无需再保护。或者被保护的工业，超过了规定的限期还没有成长起来，也就不必再予以保护。工业虽然幼稚，但如果没有强有力的竞争者时，也不需要保护。

(3) 保护手段。李斯特主张在国家干预和扶持下，采取禁止输入和提高关税的办法来保护幼稚工业，而用减免关税的办法来鼓励复杂机器设备的进口，以加速幼稚工业的发展。

（二）理论实践的难点

美国与德国通过实施幼稚工业保护政策，工业得到发展，经济取得长足进步，它们的成功经验激励了很多发展中国家。第二次世界大战后，许多发展中国家也对幼稚工业进行了保护，但从实践效果看并不理想，其中理论实践中存在的困难是影响其实施效果的原因之一。这一理论实践中存在的难点有以下几个方面：

1．保护对象的选取

按照理论要求必须是对有潜力的工业进行保护。有潜力就是通过保护能够发展起来，而且会带来比保护支出更大的收益。在实践中，保护对象的选取往往受到不同产业利益集团的左右，最后选择的对象并不一定是有潜力的、真正需要保护的产业。如保护对象选择错误，保护效果自然会受影响。

2．保护手段的选择

对产业的保护可以采取关税政策和产业政策两种方式。如果采取关税政策，会限制外国产品与本国产品在国内市场的自由竞争，容易使国内企业产生惰性，完全依赖于政府的保护,缺乏积极改进生产技术,提高产品竞争力的压力和动力,不利于企业的成长;如果采取产业政策,就不会出现这一问题。很显然,在培养产业竞争力方面,产业政策比关税政策更有利。但从政府的角度出发,他们更愿意采取关税政策而非产业政策。因为采取关税政策,政府的财政税收会增加,采取产业政策政府收入不仅不增加,反而每年还需支出大量的补贴费用。

3. 保护时间的问题

李斯特明确提出保护不是无限期的,最长以 30 年为限。如产业在保护期内没有发展壮大,说明对它的保护是没有意义的,到期应取消保护。但在实践中,通过保护形成了既得利益者,他们往往通过种种方式不断要求政府延长保护时间,使保护效果大打折扣。

四、超保护贸易政策的历史演变

超保护贸易政策是指西方发达国家为维护国内市场的垄断价格和夺取国外市场而采取的一种侵略性的对外贸易政策,又称侵略性保护贸易政策。

(一) 超保护贸易政策的产生

超保护贸易主义在第一次世界大战与第二次世界大战之间盛行。在这个阶段,资本主义经济具有以下特点:垄断代替了自由竞争;国际经济制度发生了巨大变化;1929—1933 年资本主义世界发生空前严重的经济危机,使市场问题进一步尖锐化,使超保护贸易政策发展到空前的规模。

在大危机以后,许多资本主义国家都提高了关税,实行外汇限制、数量限制;同时,国家积极干预外贸、鼓励出口,新重商主义盛行。

在上述历史背景下,各国经济学者提出了各种支持超保护贸易政策的理论根据,其中有重大影响的是凯恩斯主义有关推崇重商主义的学说。

(二) 超保护贸易政策的特点

与保护幼稚工业贸易政策相比，超保护贸易政策有以下几个特点：

1．保护的目的不同

培养企业自由竞争的能力是保护贸易政策的主要目的，而对于超保护贸易政策来说，不断巩固和加强对国内外市场的垄断则是其主要目的。

2．保护的对象扩大了

幼稚工业是保护贸易政策的对象，而超保护贸易政策的保护对象远远大于这个，保护幼稚工业只是其中之一，其主要的保护对象则是保护国内高度发达和出现衰退的工业。

3．保护转入进攻性

保护贸易政策为了实现目的所采取的措施，主要是限制外国商品的进入，相对地超保护贸易政策为实现目的所采取的措施是对国外市场的进攻性扩张。

4．保护的措施多样化

关税是保护贸易政策采取的主要措施，但仅是超保护贸易政策的保护措施之一，超保护贸易政策还有配额、许可证、补贴等多种"奖出限入"的措施。

(三) 超保护贸易政策基本思想

凯恩斯的经济理论集中反映在 1936 年出版的《就业、利息和货币通论》一书中。该书并没有提出系统的国际贸易理论，而是批判了传统经济贸易理论，以有效需求不足为基础，以国家对经济生活的干预为政策目标，把对外贸易和国内就业结合起来，开创性地提出了保护国内就业的思想，创立了当代宏观经济的新学说。以后凯恩斯的追随者们对此加以充实和扩展，形成了凯恩斯主义的超保护贸易理论。

超保护贸易理论认为，"一国的国民收入水平决定于需求水平。政府不仅要利用宏观经济政策干预国内的经济，实现内部平衡，还要干预对外贸易，以便使进出口有利于国民收入水平的稳步提高。"

在《就业、利息和货币通论》中，凯恩斯由投资乘数理论出发，对贸易差额与国民经济的关系作了阐述。所谓投资乘数，是指投资的增长所引起的国民收入的扩大，相对于投资的增长是一种倍数增长的关系。凯恩斯认为："如果企业投资仍不足以使经济体系达到充分就业，就应该直接增加政府的支出和公共投资。因为政府投资和私人投资一样，也有投资乘数效应，而一国的总投资既包括国内投资也包括国外投资(它决定于贸易顺差额)。"凯恩斯还强调贸易顺差本身对国民经济的作用亦犹如投资，认为出口是对本国产品的需求，如同投资，能使国民收入增长；而进口则是对舶来品消费的增加，如同储蓄，会减弱投资乘数的作用，使国民收入减少。因此，凯恩斯极力鼓吹贸易顺差，并提出应尽力扩大出口，同时通过保护关税和鼓励"购买英国货物"以限制进口的政策主张。

马克卢普和哈罗德等人在凯恩斯投资乘数理论的基础上，提出了对外贸易乘数理论。他们认为："一国的出口和进口波动会对国民收入产生倍数效应。只有当贸易出超或国际收支为顺差时，国外投资增加，并因此导致国内货币供给增加，利率下降，刺激国内投资增加。此时，对外贸易才能增加一国的就业量，提高一国国民收入量。并且，国民收入的增加量将大于贸易顺差的增加量，并为后者的若干倍。如果贸易逆差，结果则相反。为了保持贸易顺差，国家应干预对外贸易，采取奖出限入的政策。"

根据凯恩斯主义理论，一国的就业水平是由有效需求决定的。在现代经济生活中，因为有效需求的不足导致了失业的出现。

五、贸易自由化与新贸易保护政策的历史演变

(一) 历史背景

第二次世界大战后，在全球范围内各国的经济都得到了较大的发展，全球经济形势发生了巨大变化，这必然会影响发达国家转变对外贸易政策。从 20 世纪 50 年代到 70 年代初，随着世界各国经济的普遍恢复和迅速发展，出现了贸易自由化倾向。20 世纪 70 年代中期发生世界性通货膨胀，这一经济形势再度推动了

发达国家贸易自由化的进一步发展，随后 1974—1975 年爆发世界性经济危机，造成贸易自由化停滞，保护主义再度兴起。

(二) 贸易自由化

1. 第二次世界大战后贸易自由化的表现

从 20 世纪 50 年代到 70 年代初的贸易自由化表现如下：

(1) 1947 年达成了以促进自由贸易为目的的国际贸易协定——《关税及贸易总协定》。

(2) 关税水平大幅度下降。《关税及贸易总协定》在实施的 48 年里主持了 8 轮多边贸易谈判，使成员国大幅度降低了关税；第二次世界大战后，一些国家组成了多个经济贸易集团，集团成员间相互削减或取消关税；发达资本主义国家通过普惠制、特惠税等方式，向发展中国家提供单方面的关税优惠。通过这些措施，使得战后关税水平大幅下降，发达国家的平均关税水平从战后初期的 40%左右下降到 5%以下，发展中国家从更高水平下降到 13%左右。

(3) 非关税壁垒降低。发达国家在战后初期曾普遍实行严格的进口限制，以保护国内经济。以后逐步放宽，扩大进口自由程度，放宽或解除了数量限制和外汇管制恢复了货币自由兑换，实行了外汇自由化。

2. 第二次世界大战后贸易自由化的特点

第二次世界大战后出现的贸易自由化远没有达到资本主义自由竞争时期自由贸易的程度，它在一定程度上和保护贸易政策相结合，是一种有选择的贸易自由化。

首先，发达国家之间的自由化程度高于发达国家与发展中国家之间的贸易自由化。发达国家之间通过达成国际多边协定，大幅度降低了关税并放宽了数量限制，但对从发展中国家进口的产品征收较高的关税，并实施其他进口限制。

其次，不同产品的贸易自由化程度不同。工业制成品的自由贸易程度高于农产品；工业制成品中，资本品的自由贸易程度高于消费品，尤其是一些"敏感性"

的劳动密集型产品，如纺织品、鞋、皮革制品等产品的贸易受到了发达国家的严格限制。

最后，区域经济集团内部成员国之间的贸易自由化超过了与非成员国的自由贸易程度。

3．20世纪70年代中期以来的新贸易保护主义浪潮的主要特点

随着世界经济全球化和世界贸易组织达成的各项协议的实施，世界各国纷纷大幅度降低关税和逐步取消配额、许可证等数量限制，技术性贸易壁垒已成为新贸易保护主义的重要手段。所谓技术性贸易壁垒是指在国际贸易合作与竞争中，一国为了保护本国的经济利益不受到侵害，在政策制定和管理方面，对本国市场的商品和其他国家的进口商品和服务采取了区别对待，例如在技术法规、标准、包装、标签、认可和检疫制度等方面区别对待，从而阻碍其他国家商品进入该国市场。20世纪70年代以来兴起的新贸易保护主义浪潮具有以下特点：

(1) 从关税壁垒转向非关税壁垒来达到限制进口商品。第二次世界大战以后，随着《关税及贸易总协定》的签定，国家之间的关税壁垒受到了一定的制约，所以各国想利用提高关税水平来达到保护本国贸易的想法是不可能的了，只有通过采用非关税壁垒措施来限制商品进口。各种非关税壁垒措施在20世纪60年代只有800多种，到90年代则已发展到上千种，同时非关税措施的歧视性不断增强。

(2) 商品实施保护的范围不断扩大，由以前传统产品和农产品扩大到高级工业品和劳务部门。另外很多国家也正在不断从服务贸易领域方面加强措施，正确保护本国贸易，比如在签证申请、投资条例、收入汇回等方面作出了很多努力。

(3) 实行系统化的管理贸易制度。各种类型的国家由于政府管理贸易的能力加强，从保护贸易制度转向更系统化的管理贸易制度。

(4) 实施从限制进口转向鼓励出口的奖出限入措施。第二次世界大战以后，自由贸易不断得到发展，国际分工也在日益加深，国外市场对各国的吸引力不断增强，各国在国外市场上的争夺战也愈演愈烈。随着这种形势的发展，国家之间仍然彼此之间限制进口，必然会给这些国家之间的贸易往来带来严重的阻碍，甚

至导致国家间的矛盾加深。基于这种情况，大力加强鼓励出口必然就成为许多国家的重点措施。

六、协调管理贸易政策的产生与发展

20 世纪 70 年代以来，在新贸易保护主义的基础上，又产生了协调管理贸易，即"有组织的自由贸易"。它是以协调为中心，以政府干预为主导，以磋商谈判为轴心，对本国进出口贸易和全球贸易关系进行干预、协调和管理的一种国际贸易体制。因此，管理贸易政策既有别于纯粹的自由贸易政策，同时也不同于完全的贸易保护主义。通过实施管理贸易政策，一方面在一定程度上促进了本国对外贸易的进一步发展，另一方面其他国家对外贸易的利益也得到了保护，实现了双方利益的双赢。在此基础上，全球范围内在一定程度上相应地减少了国家之间贸易战的发生，共同维护了国际间经贸关系的稳定和发展。

(一) 管理贸易政策产生的原因

诱发管理贸易政策产生和发展是由多方面的原因造成的，其中最重要的便是世界经济的发展和国际政治形势的变化。具体原因如下：

第一，由于各国过度使用新贸易保护政策，过度地保护本国市场，限制其他国家商品的进入，造成了非常严重的经济后果，导致其他国家纷纷对该国进行各种各样的报复，从而给全球范围内国际贸易的发展带来了严重的阻碍。在这种严峻形势下，各国都迫切需要制定一部标准化的针对各国适用的对外政策法律，以便使各国之间都能遵守一定的法律条款的约束，这就需要国家政府之间参与国家贸易组织与管理，制定统一的约束政策。

第二，在全球范围内世界经济和科技飞速发展，尤其是伴随着经济一体化的实现，各国所实施的贸易保护政策与之前相比变化非常明显，更重要的是所指定的《关税及贸易总协定》也越来越不适应新形势的发展，需要作出重大调整。与此同时，伴随着世界性产业结构的重大调整，一些新的经济领域发生的一些重大问题，导致《关税及贸易总协定》的"乌拉圭回合"谈判作用不甚明显，比如服务业和知识产权等新领域的国际性管理与仲裁问题。由此造成各国的贸易政策更加关注于实现双边互惠和区域内多边协调的贸易关系。在这种情况下，为了有效地保护自身的贸易和经济利益，各国的贸易政策更加倾向于由自由贸易转变为"公平贸易"。

第三，第二次世界大战后，尤其是冷战结束后，随着世界经济的强势发展，国际竞争的主要手段不再是军事抗衡，而是更加看重的是各国之间的经济发展和经济力量悬殊。而国际投资和贸易又成为国家之间经济发展的重要力量，在此形势下，为了更好地发展经济，促进本国国际贸易和投资的发展，政府加强宏观调控，以此来加强对贸易的干预和管理，成为国家经济发展的主要手段。

第四，伴随着经济的发展，也导致了一些相应的负面影响，比如环境污染越来越严重，在这种情况下，环境保护也普遍受到各国的关注，因此在国际贸易中开始出现环保贸易。但是，某些国家却利用这一点来限制其他国家商品在本国市场的进入，以此来达到实行贸易保护的目的。为了更好地避免这种情况的愈演愈烈，并使之得到控制，迫切需要国际管理贸易政策的产生，来约束国家之间的这种不良竞争。

(二) 管理贸易政策的主要表现

管理贸易政策的主要表现是：

第一，制定贸易法，确保贸易保护主义的合法化和制度化是发达国家趋向管理贸易政策化的主要表现之一。另外，在一些发达国家贸易法的确立并不是独立的，而是逐渐与国内其他法律体系相配套、相互联系，以确保国家整个法律体系的良好运行。

第二，由于世界贸易组织所构建的国际多边贸易协调体制的影响力逐渐受到削弱，多边贸易谈判在各国之间的国际贸易合作与竞争中得到加强，"公平贸易"的政策逐渐得到实施。同时，随着贸易区域集团化的发展，区域集团内部的多边协调管理也在国际贸易中得到了进一步强化。

第三，随着世界经济的发展，管理贸易的主体已经转变为跨国公司。作为适应国际贸易新发展的管理贸易，为了获取最大的和长远的经济效益，运用贸易、金融方面的技术，在全球范围内开展各种有形和无形的国际贸易。跨国公司利用这一优势成为世界经济中的主导地位。它积极利用自身的科技和规模优势在世界范围内展开大规模的、高层次的国际贸易和投资活动，以实现国家对外贸易与投资的战略和政策。

管理贸易政策的运用在一定程度上可以缓减各国之间的贸易摩擦，避免了极端形式的贸易冲突，对国际贸易的健康有序发展起到了一定的作用。目前，管理贸易盛行于西方国家，也逐渐为发展中国家所采用，它在一定程度上反映了世界贸易发展的现状。

纵观整个贸易政策发展历史可以看出，既没有完全自由贸易的时代，也没有完全保护贸易的阶段，自由贸易政策与保护贸易政策始终相伴而行。自由贸易政策一直伴随国际贸易的发展，而不同的保护贸易政策则在不同的历史时期出现。保护幼稚工业政策始终是后进国家实现工业化进程中的重要选择，超保护贸易政策在发达国家经济萧条时期被不断地重复使用，而战略性贸易政策则被包括发展中国家在内的越来越多的国家所重视。从国际贸易政策发展的长期趋势看，虽然保护贸易主义时常抬头，但贸易政策一直向自由化的方向发展。

七、战略性贸易政策的历史演变

（一）战略性贸易政策的含义

战略性贸易理论是在 20 世纪 80 年代提出的一种新贸易保护理论，它以市场的不完全竞争和规模经济为基础。该理论的实质是强调政府对贸易活动的战略干预，认为一国政府在不完全竞争市场和规模经济条件下，可以通过鼓励出口或限制进口等各种措施，扶持本国战略性产业的成长，增强其在国际市场上的竞争力，逐步占领其他国家的市场份额，获得规模报酬和垄断利润。很显然，战略性贸易政策中政府干预的目的不再是单纯实现贸易顺差，而是要使本国获得最大限度的经济利益或利润。

美国是目前实施战略性贸易政策最得力的国家，日本和欧盟运用战略性贸易政策也都取得了不同程度的成功。20 世纪 80 年代初，美国政府就已将其积极倡导的"自由贸易"向"公平贸易"转化。在转化中，政府表现出对某些产业的强调已能十分清楚地证实其实施战略性贸易政策的端倪。20 世纪 90 年代后，美国政府明确表明运用贸易政策解决其国内外诸多经济问题的态度，进一步证实了美国政府全面实行战略性贸易政策的决心。美国运用的具体实施策略是：提出高技术战略和政策，并把建立"信息高速公路"放在突出地位，目的是提高本国主导产业尤其是信息产业及其他高技术产业的国际竞争力。具体有 3 项措施：(1)扩大以半导体、电脑、通信、环保、咨询软件及服务业为代表的高科技产业和知识密集型产业的出口；(2)放松反托拉斯法，允许大公司之间兼并合作，以达到技术优势的增强和规模经济效益的提高；(3)提供贸易融资与贸易咨询等帮助，以鼓励高新技术产业扩大出口。

(二) 战略性贸易政策案例解析

目前，世界上公认的具有高度垄断性和规模经济的产业是飞机制造业。现代关于分析战略性贸易政策效果的研究案例主要是以美国的波音公司和欧洲的空中客车公司进行分析。

表 3-1　波音和空客无政府补贴时的可能收益矩阵　　　　单位：亿美元

		空客	
		生产	不生产
波音	生产	-5，-5	100，0
	不生产	0，100	0，0

表 3-1 是波音公司和空中客车公司(空客)依靠自身优势参与市场竞争所获得的可能收益矩阵。在表中，我们设定两家公司的生产技术水平相同，生产的飞机类型相同，同时飞机制造业具有规模经济效应。由此可以看到，飞机制造业具有

规模经济效应，因为市场容量有限，当波音公司和空中客车公司(空客)同时生产相同类型的飞机时，就会使两公司同时陷入困境，两家公司各亏损 5 亿美元；如果空中客车和波音两公司只有一家生产而另一家不生产时，生产的一方由于独占市场就可以取得 100 亿美元的规模经济收益；如果两家公司都不生产，它们都既无规模经济收益也无亏损。

现在假定欧洲给予空中客车公司 10 亿美元的补贴，以突显其在世界飞机市场中的竞争优势。而同时美国波音公司并没有获得政府别贴，在这种情况下，空中客车公司的市场优势明显高于美国波音公司。在空中客车公司接受补贴的情况下两个公司的市场收益矩阵见表 3-2。

表 3-2　空客接收补贴后波音和空客的可能收益矩阵　　　单位：亿美元

		空客	
		生产	不生产
波音	生产	-5, 5	100, 0
	不生产	0, 110	0, 0

从表 3-2 中可以看到，空中客车公司在拥有政府别贴的情况下，其竞争优势明显大于波音公司。由于市场容量的限制，当空中客车和波音两公司同时生产飞机时，亏损是必然的，各亏损 5 亿美元。但是由于政府给予空中客车公司 10 亿美元财政补贴，就使得此公司仍有 5 亿美元的利润；但是当空中客车公司不生产只有波音公司生产时，由于其产品在市场上处于垄断地位，这样该公司就可以获得 100 亿美元的规模经济收益；当只有空中客车公司生产，波音公司不生产时，空中客车公司的产品独占市场份额，就可以获得 100 亿美元的规模经济收益，除此之外，由于空中客车公司还接受了政府的 10 亿元补贴，从而其总收益就会达到 110 亿美元；明显地，当两个公司都不生产时，也就谈不上亏损和收益的。

从上面的分析我们可以得出结论，空中客车公司在得到政府补贴的情况下，只要生产飞机就会获得利润。而波音公司因为没有政府补贴，要想获得利润，其产品就必须独占市场，但是空中客车公司不生产的情况是不可能出现的。因此美国波音公司就会面临两种市场选择，要么放弃生产，要么即使亏损也要生产。可见，从长远利益来看，空中客车公司在得到政府补贴的形势下，必然会把美国波音公司从市场上淘汰出去，从而获得独占市场的 110 亿美元的超额利润。

通过上例的比较分析，战略性贸易政策理论认为，从获得长远利益来看，国家积极扶持本国战略性产业，给予政策或大量的资金支持，能有效提高该企业的市场竞争力，以便获得规模经济效益。

此外，战略性贸易政策理论认为，利用政府补贴帮助本国产业独占市场，增强竞争力只是一种有效方式，还可以通过对外贸易政策来限制他国商品进入本国市场，来巩固本国产品在市场上的竞争力。

第三节　中国对外贸易政策

一、中国对外贸易政策的演变

随着中国经济的发展，中国对外贸易政策不断变化，本节重点讲述中华人民共和国成立以来，对外贸易政策的发展历史。

（一）改革开放以前的对外贸易政策

1949—1978 年，高度封闭的保护贸易政策是这期间中国对外贸易政策的主要措施，具体体现如下：

1. 外贸经营由国家高度垄断

1949—1952 年，中国政府一方面没收官僚资本进出口企业，另一方面积极改造民族资本进出口企业。在这两种措施的基础上，中国外贸部门对全国的对外贸易统一实行行政管理，国家发挥着高度垄断的作用。外贸部严格按照国家指令计划控制进出口商品的品种和数量。

2．设置较高的贸易壁垒

其中影响较大的主要有 3 点：第一，高关税。"根据 1951 年中国实施的海关税则，进口商品的算术平均关税率为 52.9%，其中农产品的平均关税率为 92.3%，工业品的平均关税率为 47.7%。这一关税水平远远高于 GATT 规定的关税率"；第二，各种行政壁垒。无论是进口还是出口都需要办理配额、许可证并通过各级各部门的审批；第三，外汇管制。对于进口所需的外汇，必须向指定机构申请额度并承担汇率高估的损失。

3．脱离了《关税及贸易总协定》

《关税及贸易总协定》是国际贸易的规范政策，也是第二次世界大战后建立的国际贸易框架机构和规则体系。这一协定是在总结以往国际贸易发展中的经验教训，并遵循世界各国政府的利益诉求的基础上签定的，反映了世界各国共同发展的愿望和利益。中华人民共和国成立后，由于各方面的原因，尤其是中国采取的贸易保护政策，使得中国放弃了参与 GATT 的权利。尽管 1974 年中国恢复在联合国的合法席位，但中国政府又一次放弃参与 GATT 的权利，导致在战后国际贸易体系中丧失了其优势地位和应有权益。

改革开放前，中国之所以实行高度封闭的保护贸易政策，从外部影响因素看，一是东西方冷战的国际背景，二是斯大林模式的深重影响；从内部影响因素看，一是计划经济体制决定了内向型的经济形态，二是极"左"思潮、小农经济思想和官文化的综合作用。

中华人民共和国成立以来，通过实施高度垄断的对外贸易政策，是有其积极作用的，主要是实现了进出口贸易的基本平衡。直到 1977 年，除了在少数年份(1960年、1970 年、1974 年和 1975 年)出现少量逆差，基本上扭转了长期以来严重的外贸逆差这一局面。但是这一举措产生更多的是消极方面的影响。第一，这种国家高度垄断的外贸政策严重阻碍了中国出口贸易的发展，导致外贸发展迟缓；第二，国内企业由于过度受到政府宏观管理的保护，缺乏竞争力，致使效率低下；第三，国家实行高度垄断的对外贸易政策，一方面国外先进的科学基础难以引进到国内，另一方面造成闭关锁国，国内企业看不到国外企业的发展，缺乏竞争意识，最终导致中国经济发展落后。

(二) 改革开放以后的对外贸易政策

由于原来的贸易政策已不能适应国内外变化了的形势，改革开放后，我国调整了外贸政策，将国家统制下的内向型保护贸易政策转变为开放型的适度保护贸易政策。在这种政策下，对外贸易活动由国家实行宏观调控，将扩大出口与开放国内市场相结合，积极参与国际分工和国际交换。主要表现在以下几个方面：

1. 下放外贸经营权

下放外贸经营权，允许生产企业和其他有经营条件的企业和单位经营对外贸易，打破了由外经贸部所属的外贸公司垄断外贸经营权的局面。

2. 转变外贸计划体制

外贸计划体制逐步由指令性计划向指导性计划体制转变。目前只有少数产品实行指令性计划，其他大多数产品都已经放开由市场调节。

3. 外汇管理体制逐步自由化

1979 年，开始实行外汇留成制度；1980 年，建立外汇调剂市场；1985 年，实行人民币单一汇价和有管理的浮动；1994 年，实行人民币汇率并轨，建立了中国外汇交易中心；1996 年 12 月 1 日，开始实行人民币经常项目下的可兑换。

4. 出口鼓励政策

从 1979 年起，政府先后采取的出口鼓励政策主要有外汇留成制度、出口补贴、人民币对外贬值、出口退税、优惠信贷等，上述出口鼓励政策对于调动出口企业的积极性从而扩大出口起到了重要作用。目前，中国已经成为世界第三大贸易国，对外贸易额占全球贸易额总额的比重不断上升。

二、中国外贸政策取向的变化

APEC 以及双边机制是中国在加入 WTO 以前主要的对外经济和贸易合作的途径。中国在加入 WTO 后，积极参与国际贸易合作与竞争，参与国际贸易谈判和规则的制定，在全球多边贸易体系中发挥重要的影响作用。相应地，随着中国加入 WTO 以后，中国对外贸易政策逐步向开放性发展，积极参与国际事务，并注重加强国际贸易与经济合作，通过参与区域性的经济贸易实现本国和其他国家的经济利益的双赢。

东南亚金融危机爆发以后，中国为了稳定住亚洲的金融局势，从各方面采取措施，最重要的是坚持人民币不贬值，这一举措在应对东南亚金融危机中发挥了重要的作用。2000 年 5 月，中国与日本、韩国一起在泰国清迈达成《清迈协定》，为受到危机冲击国家提供资金支持，促进他国的经济和贸易得到了较快地恢复。

当今世界随着经济全球化不断发展，区域化发展战略已经成为当今世界贸易的主要特征。2005 年，绝大多数 WTO 成员国都有自己的一个或多个区域贸易计划，据统计，2005 年向 WTO 申报的有 300 多个区域贸易。通过积极参与区域贸易，一方面发达国家不断增强本国的市场竞争力，逐步占据有利市场地位；另一方面发展中国家也获得了参与国际贸易的话语权，并提高了国际竞争力。通过区域贸易，中国的区域经济合作组织初步形成，并且逐步深化与港、澳等地区的贸易合作，并且密切关系。同时积极加强与东盟贸易自由区的经济合作，就建设自贸区问题与新西兰、澳大利亚展开了实质性地进展。通过积极实施以上措施，中国的国际经济地位得到了提高和认可，并且与多个国家建立了良好的经济合作关系，为我国的经济发展提供了稳定的外贸环境。

2008 年以来的国际金融危机给中国带来了严重冲击。为了中国经济的长期健康发展和提升国际竞争力，必须在开放经济的条件下转变中国的外贸政策。从推进贸易自由化方面看，在货物贸易领域逐步降低关税总水平，并规范和减少非关税壁垒；在服务贸易领域逐步扩大市场准入水平，并给予国外厂商以国民待遇；在技术贸易领域控制滥用知识产权的措施，并完善知识产权保护制度及加强相关执法；而在与贸易有关的投资领域则是规范和逐步取消对贸易有扭曲和限制作用的投资措施，包括投资鼓励措施和投资限制措施。尽管国际金融危机引发贸易保护主义有所抬头，使得针对中国的贸易摩擦有所增加，我们仍应坚持这一政策取向，按照 WTO 规则处理贸易摩擦，争取在比较利益的基础上与各国建立互利共赢的国际经贸关系。

2014 年，中国政府以"拓市场、调结构、促平衡"为中心，调整了部分商品的出口退税。2015 年，政府更加注重"促进外贸稳增长"这一目标，力争确保出台各项"稳增长"措施并落实到位。2012 年 2 月，政府印发《关于加快转变外贸发展方式的指导意见》(简称《指导意见》)，指出中国对外贸易政策的基本目标是实现贸易平衡，而实现这一目标的重要手段之一即是要加强进口。《指导意见》进一步明确了"中国转变外贸发展方式的两大目标，即实现'四个提高'和'四个优化'。'四个提高'包括提高出口商品的国际竞争力、企业的国际竞争力、行为组织协调能力和政府参与国际贸易规则制定的能力；'四个优化'包括优化主体结构、商品结构、市场结构和贸易方式结构"。党的十八大报告强调要"加快转变对外经济发展方式"，朝着"优化结构、拓展深度、提高效益"方向转变。坚持出口与进口并重，强化贸易政策与产业政策相协调，推动对外贸易平衡发展。

三、当前形势下我国对外贸易政策的应对

(一) 鼎力开展高新技术及其产业，不时优化产业构造

只要一个国家的产业具有较强竞争力，且构造合理，国民经济才有较高的安全状态，才具备防备国际贸易动摇的才能。高科技及产业的开展曾经成为加强综合国力的关键要素，鼎力开展高科技及其产业，能够使中国彻底走出在国际产业分工中低效益及受制于人的窘境，冲破外资对我国产业的控制与市场的垄断，并以此提升传统的产业程度，带动智力密集型效劳业的兴起和开展，构成以高新技术产业为先导，根底产业和制造业为支撑，效劳业全面开展的合理产业格局。现

阶段特别要鼎力开展战略性新兴产业，由于战略性新兴产业的开展既代表科技创新的方向，也代表产业开展的方向。经过增加投入和各种政策，加快节能环保产业、信息技术产业、生物产业、高端配备制造产业、新能源产业、新资料产业和新能源汽车产业等战略性新兴产业开展的自主创新。引导跨国公司把高新技术的研发环节和高端制造转移到中国，在协作中引进吸收到自主创新和超越。积极鼓舞研讨院所和大学、企业结合研发，构成产、学、研一体化的技术创新体系，进步科技成果的应用性与商品化水平，促进科技优势疾速转变为产业及市场优势，力争在新兴产业和先导产业的国际竞争中抢占先机，有效地发挥科技对转变外贸增长方式的促进作用。

（二）鼎力开展效劳贸易，不时优化贸易构造

要改动中国贸易量大、利润小、价值少的情况，应加大效劳贸易的比重，承接效劳业国际转移是改动这一情况的重要手段。从增值幅度看，制造业普通在 2% 至 5%、最高不超越 15%，效劳外包的增值幅度则高达 100%；从收益来看，效劳外包对中国经济奉献是来料加工制造业的 20 倍；从环保看，效劳外包业的能耗只要制造业的 20%。作为效劳贸易整体，中国一直处于逆差状态，而近年来增长较快的金融效劳、咨询、通讯效劳、保险效劳、运输等项目，也处于逆差状态，反映出在中国开展效劳外包的潜力很大，而且中国作为制造业出口大国，已进入扩展消费性效劳业开放的新阶段，这也将促进加工贸易的转型晋级，从劳动密集的制造环节向产业价值链的上下游攀升，增强产业链的整合。因而，要把抢抓国际效劳外包产业开展机遇，作为重中之重。第一，要制订效劳外包开展战略规划，完善促进效劳外包开展的政策措施，增强制度保证。第二，要把"外引内训"效劳外包人才，作为燃眉之急，尽快出台相应措施。第三，要把鼎力引进国内外龙头型基地型企业作为重要战略，把投资、并购国外中小效劳外包企业作为重要导向，提升我国效劳外包企业的整体实力。第四，统筹规划规划，增强效劳外包基地建立。特别在中心城市打造全球性效劳业外包基地，展开技术效劳、软件开发、芯片设计、建筑设计、工程设计、医疗效劳等效劳外包项目，构建针对全球产业

链的消费性效劳业。各地应依据本身比拟优势肯定重点开展范畴、实行错位开展，打造各具有特征的效劳外包品牌。

（三）加快走进来步伐，积极拓展国际市场

面对国内产能过剩、外部的贸易壁垒及人民币升值的宏大压力，加快施行"走进来"战略，能够绕开各国的贸易壁垒，降低"走进来"的本钱，从而促进更多的企业由传统的出口转为到东道国直接投资，有效地拓展国际市场。目前中国加快对外直接投资和进行海外并购具备了较好的条件，如我国有3万多亿的外汇储藏、人民币升值的预期以及人民币有望成三大主要结算货币之一、人民币跨境投融资试点稳步进行、海外经济仍未复苏、新兴经济体的崛起、中国的国际位置和实力提升等。第一，要选好投资范畴，从保证中国经济安全开展角度看，海外投资有5个方面可重点关注，即公开资源、地表产品、资源类加工、兴旺的配备技术、建工业园区。第二，应充分调查论证，精准选择海外目的市场，对当地的经济社会法律制度和相关产业开展、市场辐射以及宗教文化生活风俗都应进行细致深化地理解。第三，加大支持与扶助力度做强中国的跨国公司。具有中心竞争力的跨国企业是国际贸易和海外直接投资的主角，有竞争力的中国跨国企业能够到广阔开展中国度去投资建厂，将富有的设备和劳动力转移过去，既可逃避贸易壁垒，还能降低本钱，也可到西方兴旺国度投资开设研发中心，充分应用兴旺国度的智力资源，疾速补偿技术差距。第四，抓住机遇进行海外并购，这是获取开展所需资源和高级要素的重要途径。由于跨国并购具有运营风险、买卖风险、换算风险和政治风险等，政府应以"商业外交"思想来看待海外并购，经过法规、政策、措施等对企业的海外并购活动从宏观上加以引导、监视、管理和扶持，使海外并购得以顺利、平稳、持续地开展。

（四）构建扩展内需长效机制，减少对外需的过度依赖

以内需为主导，是大国经济开展的必然途径。事实证明，一个完整外向型的

国度，经济上开展是不稳定的，政治上也将受制于人。中国是一个具有 13 亿多人口的国家，目前正处在工业化、城镇化进程加快以及居民消费构造晋级的开展阶段，内需具有宏大的市场潜力。构建扩展内需长效机制，促进经济增长向依托消费、投资、出口谐和拉动转变。目前，中低收入者收入程度相对低下，在国民消费预期脆弱的理想下，撬动内需的关键在于进步占消费群体 80%以上的中国中低收入者的收入程度，把改善民生作为扩展内需动身点和落脚点。第一，要充分调动政府投资积极性和社会投资积极性，适度扩展全社会再消费才能，充沛发明劳动岗位，以完成中低收入者家庭收入的稳定增长。第二，调整国民收入分配格局，确保劳动利益与经济开展同步增长。分配制度的变革坚持以按劳分配为主、多种分配方式并存，树立正常的工资增长机制，经过扩中、提低、限高来减少贫富差距。第三，要把尽快增加农民的收入作为扩展内需的重点。目前乡村 2.1 亿多个家庭，占中国家庭总量的 67.6%。相比城镇市场，乡村市场潜力宏大，但乡村市场宏大的消费潜力与过低的消费率共存，这一矛盾能否顺利处理对中国经济能否继续坚持平稳较快增长意义严重。第四，进一步完善社会保证体系，要经过变革，完善教育、卫生、养老等一些社会保险制度，消弭人们的后顾之忧，促使一些消费者把远期需求转化为近期需求。第五，中国的民族企业应针对中国的国情消费适销对路的产品，有效地拓展国内市场份额，并突破国外跨国公司局部产品对国内市场的垄断。

第四章　国际贸易政策相关措施研究

第一节　关税措施

关税是国家管理对外贸易的传统手段。早期，各国主要将其视为政府财政收入的重要来源。随着保护贸易政策的不断出现，各国越来越多地将其作为限制进口的重要贸易政策工具。当前，在世界贸易组织的约束下，虽然关税作为限制进口手段的作用已大大下降，但它仍是各国管理对外贸易、调整国家间经贸关系的重要手段之一。

一、关税的含义

关税是指一国或地区的海关对经过其关境的进出口商品所征收的税收。一个国家根据其政治经济等状况和需要，由政府设置在边境、沿海口岸或境内的水陆空国际交往通道上的海关机构，按照国家制定的关税税法、税则，对其进出关境的商品征收关税，是一国在一定时期内经济贸易政策的具体体现。

海关是国家行政管理机构，其基本任务是根据本国法律、法规监管进出境的货物、行李物品、邮寄物品和其他物品，征收关税、查禁走私、编制海关统计和其他海关业务，其中征收关税是海关的一项重要职能。海关通常设置在边境、沿海口岸或境内的水陆空国际交往的通道。

关境又称税境或海关境域，是一国实施海关法令的领土范围。货物只有在进出关境时才被视为进出口货物而征收关税。一般情况下，一国的关境与其国境是一致的，但也有两者不一致的情况，当一些国家在国境内设有自由港、保税区、出口加工区等免税区域时，关境的范围小于国境；当几国结成关税同盟，对内取消一切贸易限制、对外实行统一关税制度时，参加同盟国家的领土即为统一关境，对某一国而言，关境的范围就大于国境。

二、关税的种类

(一) 按照征收对象和商品流向分类

1. 进口税

进口税是指进口商品进入一国关境时或从自由港、出口加工区、海关保税仓库等地进入国内市场销售时，由该国海关根据海关税则对本国进口商所征收的一种关税。这是一种主要关税，又称为正税或正常进口关税。

进口税是保护关税的主要手段。通常所说的关税壁垒，主要就是指高额进口税，以此提高进口商品的成本，削弱其竞争力，起到限制进口的作用。进口税按差别待遇或税率的高低不同，主要分为最惠国税和普通税。最惠国税适用于签订有最惠国待遇条款的贸易协定的国家或地区之间的商品贸易；普通税则适用于没有签订贸易协定的国家或地区之间的商品贸易。

第二次世界大战后，大多数国家和地区通过签订贸易条约和协定，互相提供最惠国待遇。故最惠国税通常被称为正常关税，比普通税率低很多。

2. 出口税

出口税主要是指对自己国家的产品出口到国外所需要交纳的税，主要是有国家的海关对这些出口商所征收的一种关税。

从目前很多国家的相关规定来看，很多国家对出口的产品一般很少征收出口税，主要是为了保持自己本国产品的竞争优势。但是，根据一国的具体情况，有时也会对一些出口商品征收出口税，主要是为了保证国内稀有资源、工业原料和生活必需品的供应和使一些商品的出口能有序地进行。

3．过境税

过境税又称通过税，是一国海关对通过其关境的外国货物所征收的关税，其目的是增加本国的财政收入。由于过境货物对过境国家或地区的生产、市场均无影响，故第二次世界大战后大多数国家都已废除了过境税，只对过境货物收取少量的签证费、印花税和统计费等。

（二）按照税收的目的分类

1．财政关税

以增加国家财政收入为主要目的而征收的关税叫财政关税。这种税率一般较低，如过高反而达不到增加财政收入的目的，也不利于该国进出口贸易的迅速发展。随着经济的发展，其他税源的增加，关税收入在国家财政收入中所占比重逐渐下降，财政关税就被保护关税所代替。

2．保护关税

以保护本国工业和农业发展为目的而征收的关税叫保护关税。其税率越高，保护程度越强，有时高得近乎"禁出"和"禁入"的程度。一些经济比较落后的国家往往采用保护关税，以保护和促进本国工业的发展。但帝国主义时期，国家垄断资本主义为了垄断国内市场，往往对高度发展的垄断工业或处于衰退状态下难以与国外竞争的垄断工业征收保护关税，这种关税称为超保护关税。

（三）按照差别待遇和特定的实施情况分类

1．进口附加税

进口附加税主要是指一个国家对于那些进口产品除了要征收一定的进口税，由于有些特定的原因还需要征收附加税，这样的税就称为进口附加税。一般来说，这种进口附加税是一种针对限制进口所采取的临时的措施手段，所以很多国家也叫为特别关税。进口附加税征收的主要目的是应付国际上出现的金融危机、国际收支不平衡，防止其他国家的产品低价倾销行为或者是作为报复的一种手段。

在进口附加税中，一种是对所有进口商品征收。例如，1971 年，美国出现了 78 年来首次巨额贸易逆差，为了应付国际收支危机，美国政府实行新经济政策，对进口商品一律加征 10%的进口附加税，以限制进口。另一种更常用的是针对个别国家和个别商品征收进口附加税，以限制特定国家或特定商品的进口。这类进口附加税主要有以下两种：

(1) 反补贴税。反补贴税一般也可以称为补偿税，主要是指针对那些享受国家补贴或者国家奖励的国外产品进口所需要征收的一种附加税。所以对于那些进口产品凡是在产品的生产、加工、制造、运输等方面接受了国家的补贴，并且在进口国中同类的产品因这种补贴而使同类的产品造成了重大的损失的，只要符合这些条件就构成了征收反补贴税的条件，就需要征收反补贴税。

反补贴税征收的一般标准是按照奖金或补贴的数额征收。

在国际贸易中，反补贴税被视为进口国抵御不公平贸易的正当措施。反补贴税的出现主要是为了增加那些补贴进口产品的成本，这样就抵消了出口国对这些产品的补贴，从而削弱其竞争能力，维护公平的竞争秩序。

(2) 反倾销税。反倾销税主要是指对于一些产品为了能够快速占领市场，采取低价销售，产品的价格已经低于国内的销售价格，或者是主动把价格降低到生产成本以下，对这种倾销产品进行征收的附加进口税。对产品征收反倾销税的主要目的是为了保护国内的产品，保持一定的竞争优势，防止国外产品采取倾销行为来占领本国的市场。

因此，反倾销税税额一般按倾销差额征收，由此抵消低价倾销商品价格与该商品正常价格之间的差额。

确定是否有商品倾销，主要看本国产品的市场占有率和企业利润是否急剧下降。征收反倾销税主要由受损害企业投诉引起，经过有关部门对投诉的受理和裁决而实行。

投诉是由受到严重损害的企业向本国对外贸易仲裁机构、经济法庭或国际贸易仲裁机构提出，并递交投诉书。投诉书的内容包括受到损害的严重程度、出口国别和出口商名称、进口商名称、进口价格和数量，等等。投诉一旦被受理，受理机构就要组织有关人员进行调查。

发达国家不仅通过征收反倾销税来阻止外国进口商品，而且还往往利用较长时间的"反倾销调查"，故意拖延时间，使调查实际上起到阻止该商品进口的作用，如美国的反倾销调查从 4 个月延长到 6 个月，在调查中有时还故意拖延更长的时间。

中国近年来遭到许多国家的反倾销指控和被征收反倾销税，给出口企业造成了不良后果。原因主要有我方的低价倾销和不应诉、对方不承认我国为市场经济国家、不恰当地选择替代国等。

2．差价税

差价税主要是指如果本国生产的产品的价格高于国外同类产品进口的销售价格的时候，为了更好地保护本国产品的销售量和产品市场，对这些进口产品征收一定的差价税。差价税的征收标准主要是本国产品的价格与进口产品价格之间的差价。差价税的征收目的是为了保护本国的产品优势，维护好产品之间的价格平衡，使得国外的产品在缴纳一定的税额之后产品的价格与国内产品的价格保持平衡，从而达到稳定产品的市场价格。

因为差价税是随着国内价格与进口价格之间差额的变动而滑动的，所以也称滑动关税。差价税的典型表现是欧盟曾为实施共同农业政策而对进口农畜产品征收此种关税，这是欧盟实行共同农业政策的过渡措施，已于 1968 年停止。

3．特惠税

特惠税主要是指从那些受优惠的国家或者地区所进口的产品，对于这些产品给予一定的优惠关税或者免税的措施，而其他的国家或者地区不能享受这样的待遇。国家实行特惠税的目的是为了保持与受惠国之间的贸易往来。特惠税的实施有些是相互的，就是说两国之间同时执行特惠税。当然，也有些是非互惠的。

4．普惠税

普惠税是普惠制下的税制，有些国家把普惠税称为普遍优惠制。普惠税主要是指一些发达国家同意从发展中国家或者地区进口的商品，给予一定的关税优惠政策，这种政策制定的前提是普遍的、没有互惠和没有任何歧视的因素。这种关税的制定主要是发展中国家在联合国贸易与发展会议上通过不断的努力而形成的，从 1971 年正式实施。

普惠制实施的目的在于增加发展中国家和地区的外汇收益，促进发展中国家的工业化，加快经济增长。主要作用是通过关税削减产生的价格影响来体现的。在实际操作中，普惠制的运用给很多的发展中国家的企业带来了具体的实惠。

三、关税的经济效应

关税的征收，首先是造成价格的变动，即引起进口商品的国际市场价格和国内市场价格的变动，然后通过价格的变动影响到出口国和进口国在生产、贸易和消费方面的调整，产生了其他的经济效应。

(一) 关税经济效应的局部均衡分析

关税经济效应的局部均衡分析是指在其他条件不变时，只对某一种产品在两个国家之间贸易的情况进行分析。对关税经济效应的局部均衡分析主要包括价格效应、消费效应、生产效应、贸易效应、政府收入效应、再分配效应等内容。

1. 价格效应

由于被保护商品的市场情况以及国内外供给和需求弹性不同，关税的价格效应有以下 3 种结果。

(1) 价格效应的结果是国内产品价格的上升幅度低于关税水平。一个贸易大国对某种产品的进口课征关税，并且该产品的出口供给和进口需求的价格弹性在零与无穷大之间时，常常会出现这种情况。

以美国与巴西的咖啡贸易为例，美国是巴西咖啡的主要进口国。若美国对从巴西进口的咖啡征收进口关税，则美国国内的市场上咖啡的价格必然上升。由于价格上升，美国人可能会减少咖啡的消费量或改用其他饮料作为替代消费品，从而会最终减少美国对巴西咖啡的进口量。因为美国是主要进口国，其进口占国际市场上该商品的足够大的部分，它会影响世界市场价格，即造成国际市场上咖啡价格的下降。美国国内咖啡价格的上涨幅度小于进口关税幅度，其差额是由于国际市场上咖啡价格下跌所造成的，实际上，巴西负担了美国对商品征收的部分关税。

(2) 价格效应的结果是国内产品价格的上涨幅度等于关税幅度。当一个贸易小国的需求规模不足以影响该进口产品的世界市场价格，即出口供给有完全的弹性且进口需求有不完全弹性时，贸易小国对进口商品征收关税，则该进口商品的国内价格上升幅度等于关税幅度。

(3) 价格效应的结果是国内产品的价格没有变化。当征收关税的国家是某种商品的唯一垄断买主，且该商品的出口供给曲线完全缺乏弹性时，进口国对进口商品征收关税后，国内价格不会发生变化。由于外国供应者面对的只是一个买主，他们为了保证销售额就必须降低价格，使价格的降低幅度等于进口关税，国内消费者消费征收关税后的商品的价格仍保持在原来水平。但是，完全无弹性的进口商品供应曲线是一个极端的例子，现实生活中很少存在。

2. 消费效应

因为产品征收了一定的关税，所以进口商品的价格也相应地进行了一些提高，给消费者造成了一定损失。如果进口商品的需求弹性变化较小，那么商品的价格不会因为需求的升降而产生很大的影响，所以价格一直偏高，对于消费者来说，无论如何变化，同样需要支付较高的价格。如果进口商品的需求弹性较大，价格会随着需求的变化而发生较大的改变，国内的消费者就会减少一定的需求量，造成了物质的匮乏。

3. 生产效应

由于关税是对从国外进口到本国的外来产品征收的，关税主要是给国内的生产商带来一定的好处。国外的商品之所以可以进入到其他国家，最重要的一点是同等质量下同类商品的国际上的价格低于国内的价格，具有一定的价格优势。与自由贸易相比较来说，对产品征收关税使得国内市场与国际市场进行了一定的隔离，同时也维持了国内产品的市场占有率，国内的生产商得到了一定地保护，从而可以扩大生产和提高销量来巩固自己的市场占有率。

4. 贸易效应

关税的贸易效应是指一国征收关税会使该商品的进口数量减少。商品的进口数量减少的主要原因是征收关税后，产品的价格上涨，导致在国内的消费数量减少。在进口商品价格较高的情况下，国内的商品就代替了进口商品，获得了消费者的认可。现在，很多国家实施关税征收最主要的目的是保护本国的生产商，减少进口产品数量，发展本国产品。一个国家进口数量的减少同时会减少国家贸易收支的逆差，从而也可以避免国际收支逆差带来的负面影响。

5. 政府收入效应

关税是一个国家财政收入的一部分，甚至对于某些国家来说是其财政收入的绝大部分，如前所述的财政关税。即使政府仅出于保护本国工业的目的对进口商品征收关税，同样可以增加政府的财政收入。

6. 再分配效应

结合前述关税的经济效应不难理解，进口国征收关税之后，通常发生消费者的收入转移给生产者和政府的再分配现象。

（二）关税经济效应的一般均衡分析

通过关税经济效应的局部均衡分析可以看到，一国征收关税对该征税商品的价格、生产、贸易、利益分配和消费等经济行为产生了影响。然而，一种商品价格的变动会相对地影响到其他商品的价格，进而影响到其他商品的生产、贸易、利益分配和消费。因此，有必要采用一般均衡分析进一步探究关税的经济效应。由于一国在某种商品贸易中的不同地位，会对该商品的国际市场价格产生不同的影响，因此我们将一般均衡分析分为小国关税的一般均衡分析和大国关税的一般均衡分析。

1．小国关税的一般均衡分析

小国征收关税减少的进口商品需求，不能影响世界市场价格，只能影响国内价格上涨，结果造成某些产品的生产成本提高、出口竞争能力降低、出口减少，消费者和出口商都受到损失，本国整体福利水平下降。征收关税的损失最终是由征收关税的小国自己全部承担。由一般均衡分析可知，贸易小国征收进口关税对其福利水平的影响是负面的。

2．大国关税的一般均衡分析

大国对进口商品征收关税以后，同样会导致该进口商品的国内市场价格上升，使进口替代商品国内相对价格上升，导致国内的出口商品生产和进口替代商品生产的资源转换，从而产生资源利用的效率损失，会降低该国的福利水平。这类似于小国征收关税的分析。与小国征收效果不同的是，该大国进口商品国内生产的扩张和由于进口商品国内价格的上升、消费减少双重原因导致的进口量减少会影响世界市场价格，造成该进口商品世界市场价格下跌，同时出口供给的减少造成出口商品的世界市场价格上升。这两种趋势的变化使大国的国际贸易条件改善，从而导致该国福利水平的提高。

由此可见，大国征收关税的一般均衡分析要比小国复杂，这是因为大国征收关税存在贸易条件效应，而小国不存在。一方面，大国对进口商品征收关税会降低大国的社会福利水平；另一方面，其贸易条件的改善又会提高大国的社会福利水平。这两种反向的关税经济效应使大国最终整体福利水平的变化方向是不确定的：当关税的保护成本大于贸易条件效应时，大国征收关税会造成社会福利损失；当关税的贸易条件的正效应大于贸易保护的负效应时，征收关税反而会使大国的社会福利水平得以提高，而相应的损失则由外国出口商承担了。

（三）关税对世界贸易的影响

关税作为外贸政策的一项重要措施对世界贸易的影响是多方面的：各国的关税征收的高低会直接影响到世界贸易的兴衰，同时也会影响到世界贸易中的商品地理位置分布和商品结构的形成。

一般来说，在其他条件不会变化的前提下，国际市场上主要国家的关税征收的高低和增减程度与世界贸易发展的快慢成反比的关系。

当世界各国普遍提高关税、增加关税的壁垒，世界贸易的发展速度就很缓慢；反之，如果世界各国的关税税率降低，世界贸易的发展速度就很快。

关税还在一定程度上影响着世界贸易的商品结构和地理分布。在第二次世界大战后世界贸易自由化过程中，发达资本主义国家对工业制成品进口关税的下降幅度超过对农产品关税的下降程度，发达资本主义国家之间的关税下降幅度超过他们对发展中国家和社会主义国家的下降幅度，经济集团内部关税下降幅度超过其对集团外的下降幅度。这些特点使国际贸易中工业制成品贸易的增长超过农产品贸易，使发达国家之间的贸易增长超过它们与发展中国家之间的贸易，也使某些集团内部贸易的增长超过其对集团外的贸易增长。

第二节　非关税措施

非关税措施泛指一国政府为了调节、管理和控制本国的对外贸易活动，从而影响贸易格局和利益分配而采取的除关税以外的各种行政性、法规性措施和手段的总和。

一、非关税措施的含义

非关税措施，是指除关税措施以外的一切限制进口的措施。

关税是限制进口的最基本手段，但第二次世界大战以后，尤其是 20 世纪 60 年代后期以来，在 GATT 的推动下，进行了 8 个回合的多边谈判，关税总水平大幅度下降，因而关税的保护作用越来越弱，这使得发达资本主义国家必须寻求其他的贸易保护措施，所以非关税措施的运用越来越广泛。到 20 世纪 70 年代中期，非关税措施从 60 年代末的 850 多种增加到 20 世纪末的 3000 多种，并且仍有增加的趋势。目前，世界各国使用的非关税措施已经超过 5000 种。

二、非关税措施的种类

非关税措施名目繁多，内容复杂，有多种分类方法。联合国贸易与发展会议将非关税措施分为 3 种类型，每种类型分为 A、B 两组，其中 A 组为数量限制，B 组为影响进口商品的成本，如表 4-1 所示。

表 4-1　联合国贸发会对非关税措施的分类

1. 为保护国内生产不受国外竞争而采取的商业性措施
A 组：(1) 进口配额
(2) 许可证
(3) "自动"出口配额
(4) 禁止出口和进口
(5) 国营贸易
(6) 政府采购
(7) 国内混合规定
B 组：(8) 最低限价和差价税
(9) 反倾销税和反补贴税
(10) 进口押金制
(11) 对与进口商品相同的国内工业生产实行优惠
(12) 对与进口商品相同的国内工业实行直接或间接补贴
(13) 歧视性的国内运费
(14) 进口商品时在信贷方面的限制
2. 商业性政策以外的用于限制进口和鼓励出口的措施
A 组：(15) 运输工具的限制
(16) 对于进口商品所占国内市场份额的限制
B 组：(17) 包装和标签的规定
(18) 安全、健康和技术标准
(19) 海关检查制度

续表

2. 商业性政策以外的用于限制进口和鼓励出口的措施
B 组：(20) 海关估价
(21) 独特的海关商品分类
3. 为促进国内替代工业的发展而实行的限制进口措施
(22) 政府专营某种商品
(23) 政府实行结构性或地区性差别待遇政策
(24) 通过国际收支限制进口

三、非关税措施的新发展

(一) 技术贸易壁垒

技术性贸易壁垒是非关税措施中发展最为广泛的一种形式，是一国的政府机构或者非政府机构，为了维护国家的安全，保护人类、动植物的生命和健康，保护环境、防止欺诈行为等，制定和实施相应的技术法规、标准，从而确定产品是否违背这些技术法规和标准的合格评定程序时所形成的贸易障碍。

技术性贸易壁垒是一个体系，主要由技术法规和标准、质量认证和合格评定程序、卫生检疫标准、商品包装和标签的规定、绿色壁垒和信息技术壁垒 6 个方面构成。

1. 技术法规和标准

技术法规和标准是进口国为保证各种商品的进口质量符合一般的技术要求而做出的规定。技术标准主要适用于工业制成品。一些国家为限制某些商品的进口，常常规定一些外国出口商难以掌握的技术标准或技术要求，以便寻找阻止外国商品进入本国市场的理由。技术标准是一项比较严厉的非关税壁垒措施，意味着进口商品可能因为未达到技术标准而被拒之门外。

2. 质量认证和合格评定程序

质量认证是对产品的质量进行监督的一种手段。当产品合格后由国家或外国权威机构颁发合格证书或合格标志，以此来证明该项产品或服务是符合规定的规则和标准的，整个活动过程就是质量认证和合格评定程序。目前在国际上影响较大的质量认证体系有 ISO9000 系列标准、ISO14000 环保系列标准、美国的产品安全认证体系 UL、欧盟的 CE 标志、日本的 JIS 标准(日本工业标准标志)等。

3．卫生检疫标准

卫生检疫标准是一国对进口的动植物及其制品、食品、化妆品等所实施的必要的卫生检疫，而检疫的目的就是为了防止一些外来的疾病和病虫害传入本国。卫生检疫规定主要适用于农副产品及其制品。从非关税措施发展趋势来看，其对于社会的发展是有意义的，但是，许多发达国家利用这个措施来限制进口，甚至不惜为了限制进口而将这个卫生标准提高，从而使许多发展中国家受到限制。

4．商品包装和标签的规定

许多国家对在本国市场销售的商品订立了种种包装和标签的规定，这样做的目的是为了控制不合格的包装材料对环境和消费者造成的不良影响。但是很多国家的真实目的是为了限制别国的出口物品更多地流入本国而设立的障碍。这些商品包装和标签的规定往往内容繁杂、手续麻烦，从而增加了出口商的成本，削弱了竞争力。例如，有的国家规定进口食品和作食品用消费品必须以法文和英文标明品名，并在商品的明显地方标明商品的重量、名称和外国生产者或进口商的名称或地址。

5．信息技术壁垒

21 世纪是一个信息技术飞速发展的时代，EDI 和电子商务将是这个时代全球商务的主导模式。发达国家在信息技术方面远远超过发展中国家，因而，在信息技术方面，发展中国家由于信息技术落后——表现在信息不透明、信息传递不及时、信息传递受阻等方面，以致在国际贸易中处于被动地位，甚至被"边缘化"。发达国家还有目的、有意识地联合起来，试图控制和垄断世界信息资源，以达到继续主导国际贸易的目的。

6. 绿色壁垒

绿色壁垒又称环境壁垒，这种障碍的设置通常会以保护生态环境、自然资源和人类健康为借口，直接或间接采取的限制甚至禁止贸易的保护措施。绿色壁垒最初产生于20世纪80年代末，在20世纪90年代开始大量兴起，一个典型的事例就是，在1991年，美国以"保护"海豚的生存为由，禁止进口墨西哥的金枪鱼及其制品。此后，日本及欧洲等发达国家也纷纷效仿，通过这样的方法对进口产品进行限制。

绿色壁垒涉及的内容极为广泛，不仅初级产品而且所有中间产品和工业制成品，在研制开发、产品设计、生产加工、包装、运输、销售乃至消费整个过程中，都应符合有关国际环保公约、国别环保法律、法规和标准，凡未达标准的就要受限制。

绿色壁垒不仅内容广泛，而且形式多样。

第一，绿色关税及制裁。往往根据本国的标准来对衡量，对于那些达不到本国衡量标准的进口产品进行收税。

第二，绿色技术标准和绿色标志。要求进口产品达到ISO 9000和ISO 14000等系列标准，对合格产品贴上绿色标志，颁发绿色许可证、配额等。

第三，绿色包装。这是对产品的包装材料做出的要求，要求包装材料一定要"绿色化"，节约资源并利于回收。

第四，绿色卫生检疫制度。这是一项针对食品的措施。发达国家对食品的安全卫生指标十分敏感，尤其对农药残留、放射性物质残留、重金属含量的要求日趋严格，而发展中国家往往达不到这个标准，这也就成为发达国家限制发展中国家产品进口的重要手段。

第五，绿色补贴。为了公平竞争，必须将资源环境费用内在化以降低外部负经济效应，对以任何借口获得政府"环境补贴"的产品都要严加限制。

(二) 国产化成分要求和混合性购买要求

国产化成分要求是指在本国生产和组装的产品必须含有规定的最低数量的

本国价值增值，其形式包括支付给本国工人的工资或者是本国厂商制造的原材料或零部件。国产化成分的要求在两个层次上实施了进口保护：限制那些未达到国产化成分要求的产品进口；限制了外国原材料和零配件的进口，而只好使用本国生产的产品。例如，在马来西亚和其他国家中，国产化成分要求强制汽车制造商更多地使用本地厂家生产的汽车零部件(如金属壳、坐垫套等)。国产化成分要求如果制定得非常高，可以强制发动机或变速器等一些更为昂贵的部件必须由本国生产。

另外一种与之相关的非关税壁垒有时候被称为混合购买要求，该要求规定进口商或进口分销商必须购买一定比例的本地产品。例如，菲律宾政府规定国内零售百货商店，其货架上必须至少有30%的产品源自国内。这种混合购买要求也被用来限制外国娱乐产品的进口：加拿大经常对广播电台和电视台制定"加拿大时间"的要求，迫使它们按一定比例的时间播出加拿大录制的歌曲和影视节目。

像产品标准一样，国产化成分要求以及混合购买要求也没有给政府带来任何关税或者税收收入，商品涨价的受益被那些被保护产品的国内销售者得到。这些要求带来了无谓的损失，因为被保护产品的本国需求下降或者会以更高的成本进行生产。

四、新型非关税壁垒的经济效应

新型非关税壁垒具有与传统非关税壁垒不同的特点，不再单纯地以数量来限制进口，从而具有不同于传统非关税壁垒的经济效应。下面以技术性贸易壁垒为例来加以说明。

(一) 技术性贸易壁垒对进口国的影响

技术性贸易壁垒对进口国有关产业有一定的保护作用，在各个国家中(尤其是西方各国)已成为限制进口的重要手段。根据保护本国工业的意愿，这些技术标准不仅在条文本身上限制了外国产品的进口，而且在实施过程中也为外国产品的销售设置了重重障碍。

总体来说，如果不考虑供需量的数量变化和供求方面的弹性变化，技术性贸易壁垒对进口国的产品价格的影响主要有以下几个方面：

(1) 如果进口国所采取的技术壁垒措施直接影响了产品进口数量的变化的时候，进口国的同类产品所面临的竞争压力就会减弱，那么产品的价格就可以得到提高。

(2) 如果进口国所采取的技术壁垒措施没有影响到产品进口数量的变化，那么进口国的同类产品所面临的竞争压力就会增加，所以产品价格就会降低。

如果考虑供需量的数量变化和供求方面的弹性变化，那么技术性贸易壁垒措施对价格的影响就会变得比较复杂。要从以下两个方面进行探讨。

(1) 供给量方面的变化。如果进口商品的供给量受到了技术性贸易壁垒的影响，所限制的数量增加，那么能够进口商品的数量就会减少，当进口国的产品国内需求不变的情况下，就会产生供求不平衡，进口国的产品价格就会大幅上涨，当这样的限制越来越多的时候，而进口国的需求量不断扩大的时候，但是能够进口的产品数量又在不断地减少，那么国内产品的价格就会面临较大幅度的上涨。

(2) 供求方面的弹性变化。如果进口国的国内供应弹性变化较大的时候，进口国的产品价格稍微提高的时候，国内的产品供给量就会大幅增加，所以国内产品的价格上涨的幅度变化较小。如果进口国的国内供应需求弹性越来越小，进口国的产品价格稍微提高的时候，国内的产品供给量就会大幅降低，所以国内产品的价格上涨的幅度变化就会较大。

(二) 技术性贸易壁垒对出口国的影响

1. 制约出口

技术性贸易壁垒较关税壁垒和传统的非关税壁垒具有更强的制约出口的作

用，且更具广泛性、歧视性和隐蔽性。

2. 影响市场准入

名目繁多的技术法规和不断提高的技术标准以及规定复杂的产品质量认证制度及合格评定程序等技术性贸易壁垒，提高了出口国产品进入进口国市场的门槛。很多出口厂商因达不到相应的技术标准而无法使产品进入国际市场。

3. 影响价格竞争力

出口企业为了能够扩大竞争力，让更多的产品能够达到进口国的市场标准，必须增加一定的投资，主要包括了一些先进技术的引进、生产设备的采购、高级人才的培训和产品包装的升级等很多方面，所以会增加企业的生产成本，降低了产品在国际市场上的价格优势。

特别是一些发展中国家所制定的评估技术和标准、技术的认证和测试，很多都比较落后，远远达不到发展国家或者进口国的认可，所以在产品贸易出口中，很多国家会指定一些国际上权威的认证机构进行认证，而这样的机构一般收费十分昂贵，这样也就造成了出口企业成本的增加。比如，日本每年都需要进口很多的菠菜，这些菠菜大多来自中国，而日本政府通过增加抽样次数的手段，增加了菠菜的检验费用，从以前的每批 5 万日元增加到 80 万日元，这样就增加了出口国的费用，也让中国的企业不能获得更多的利润。

第三节　鼓励出口和出口管制措施

世界各国除了利用关税和非关税措施限制与调节外国商品进口外，还采取各种鼓励出口的措施，扩大商品的出口；在促进出口的同时，又对特殊商品加以管制，对出口的鼓励措施和管制措施构成一国对外贸易政策的重要组成部分。

一、鼓励出口的措施

(一) 信贷政策措施

1. 出口信贷

出口信贷是出口国政府鼓励本国银行对本国出口商、外国进口商、进口方银行提供优惠贷款，以促进本国商品的出口。

出口信贷通常用于出口金额比较大、占用资金较多且从生产到交货期限较长的出口贸易，如成套设备、船舶、飞机等。对进口商来说，一时难以支付如此巨额的货款，而对出口商来说，要垫支如此大数额的款项，也不利于资金周转。这样由出口国提供出口信贷，如贷给进口商，使进口商能用这笔贷款购买出口国的商品；如贷给本国出口商，使出口商能以这笔资金用于出口。20 世纪 80 年代后，我国逐步开始运用出口信贷支持国内外贸企业扩大出口。

(1) 买方信贷

在大型机器装备和成套设备贸易中，由出口商(卖方)所在地银行贷款给外国进口商(买方)或进口商的银行，给予融资便利，扩大本国设备出口，这种贷款叫买方信贷。这种贷款的前提就是贷款必须用于购买债权国的商品，这就是所谓的约束性贷款。

如果直接贷给进口商所在地银行，则贷款协议由双方银行签订，同样以贸易合同为基础，但与贸易合同是相对独立的两个契约，然后再由进口方银行贷款给进口商。还款时，则由进口商银行根据贷款协议向出口方银行还贷，进口商与进口商银行间的债务，按双方商定的办法在国内清偿结算。

由于进口商与本国银行之间的债务关系可以在国内结算清偿，可以使进口方较快地得到供款和减少风险，而且进口商对货价以外的费用比较清楚，便于与出口商进行讨价还价。因此，买方信贷这种方式在目前较为流行。

(2) 卖方信贷

在一些大型机械设备和成套设备的国际贸易中，为了方便出口商采用延期付款的方式来出让设备，出口商所在国的银行就可以对出口商提供一定的信贷，这就是指卖方信贷。具体的操作如下：

① 出口商选择延期付款或者是赊销方式来向进口商销售大型机械设备或者成套设备。双方在签订合同的时候，进口商可以先支付 10%~15%的合同款作为定金。在商品交货验收后和保证期满的时候，再分期付给出口商 10%~15%的合同款，剩余的 70%~80%的合同款在全部交货后的合同所规定年份内采用分期偿还的方式，并且支付合同中所规定的利息；

② 出口商向所在国的银行协商贷款，与银行签订贷款协议，以便融通资金维持企业的经营；

③ 进口商按照合同的规定在规定年限内分期偿还给出口商剩余的合同款后，出口商再根据贷款协议，把合同款偿还给银行。

2. 出口信贷国家担保制

出口信贷国家担保制是国家对于出口所做出的保护的一种措施，国家通过本国出口商或商业银行向外国进口商或银行提供信贷，并由国家设立的专门机构出面担保，如果出现了外国债务人拒绝付款的情况时，这时就由相关的国家机构按照承保的数额给予补偿。

出口信贷国家担保制的主要内容包括担保的项目与金额、担保对象、担保期限与费用等。

（二）财政政策措施

1. 出口补贴

出口补贴又称出口津贴，是一国政府在商品出口时，给予出口商的现金补贴和财政上的优惠，目的在于降低出口商品的价格，增强其在国际市场的竞争能力。由于出口商因此得到更多盈利或亏损补偿，其出口积极性增强。政府对出口商品可以提供补贴的范围非常广泛，主要有直接补贴和间接补贴两种形式。

(1) 直接补贴。直接补贴是直接付给出口商的现金补贴。第二次世界大战后，美国和欧洲一些国家对某些农产品的出口，就是采用这种形式。这些农产品的国内价格一般要比国际市场价格高，若以国际市场价格对外出口，出口厂商就会亏损。差价部分由本国政府给予补贴即价格补贴，这样可以鼓励出口。有时候，补贴金额可能会大大超过实际的差价或利差，这就包含了出口奖励的意味，不同于一般的出口补助，即收入补贴，包括对企业的出口亏损进行补偿等。

(2) 间接补贴。间接补贴又称隐蔽性补贴，是指政府对某些出口商品给予财政上的优惠。主要包括退还和减免各种国内税(如消费税、增值税等)、退还进口税、免征出口税以及提供信贷补贴、汇率补贴等。

2．出口减退税

出口减税是指政府对出口商品的生产和经营减免各种国内税和出口税。出口减税的作用在于帮助出口商降低产品成本，提高国际市场竞争能力。出口减税具体包括减免国内各种直接税和间接税以及免征出口税。出口减税的具体水平取决于政府对这种商品生产的支持程度。

出口退税是指各个国家按照消费地原则征收商品税(国内称之为增值税，部分商品同时征收消费税)，对出口商品不予征税(或按零税率征收)，对进口商品则征收国内商品税。如果在商品出口之前，各国按生产地原则已经征收国内商品税的情况下，各国应在商品出口时退还全部税款，当进口时则对进口商品征收国内商品税。实行出口退税政策，是完全符合国民待遇原则的，也有利于世界资源配置的效率。出口退税政策符合 GATT 与 WTO 的基本原则，并在国际贸易实践中广泛使用。

出口退税的目的是要通过退还出口货物的国内税以避免国际经济交往中的重复征税，平衡出口货物与国内销售货物的税收负担，更主要的是，出口退税可以降低出口货物的成本，以不含国内税的形态进入国际市场，从而在国际市场上的竞争力得到加强。

出口退税的效果体现在以下 3 个方面。

(1) 出口商品的零税率可以避免由于出口国和进口国税收制度的差异带来的

价格紊乱，从而确保在世界市场上进行公平竞争。对出口国来说，出口退税使得出口部门与进口竞争部门一样不受歧视，其结果是减少可能的"反出口倾向"。

(2) 进口国的消费者无须在购买进口产品时支付本国税收之外再负担出口国对这些产品征收的税，这样，避免了对同一产品在出口国和进口国重复征税，从而保护了进口品消费者的利益。

(3) 通过对出口产品退还国内税，出口企业可以降低出口产品价格，恢复出口产品的真正的比较优势，从而有助于改进出口国的出口结构。

可见，出口退税基本上是与贸易自由化相兼容的、具有中立性的贸易政策工具。严格地说，出口退税不是出口激励措施，但出口退税制和退税率的变化客观上起到调节出口的作用。

出口减税和出口退税不同，前者发生在出口商品的生产经营过程，而后者则发生在出口商品的出口过程中或出口过程之后的一定时期。相对来说，出口减税使出口商品生产经营者的生产投入下降，便利了资金周转期，因而更有利于出口商。例如，加拿大政府规定，凡是进口加工后复出口的商品，可免交制造商销售税。

3. 出口奖励

出口奖励主要是指国家政府为了鼓励出口商更加积极地完成出口任务，按照这些出口商的实际出口数量给予的一些奖励政策。实行出口奖励政策就是为了鼓励更多的出口商能够进一步的扩大生产规模，生产出更多能够出口的产品，增加一定的出口能力。

出口奖励的主要奖励形式是以现金的形式，也有外汇分红、出口奖励证书等其他的形式。外汇分红的形式主要是政府从所取得的外汇收入中提出一部分的外汇来给予出口商；出口奖励证书主要是政府颁发给出口商的一种荣誉证书，证明该出口商对国家的出口业务贡献了一定的力量，这样的证书不仅是荣誉的象征，也是该出口商一定实力的象征。

在很多国家，出口奖励通用的做法是在一定时期内，按照总出口额的总数量为基准，给予一定比例的奖励。这种奖励与出口商是否盈利没有任何的关系，只要有一定的出口数量，就会给予一定的奖励。有些国家则对那些从事政府扶持的出口产业的产品出口经营并取得突出成绩的出口商予以重奖。

(三) 倾销政策措施

1. 商品倾销

商品倾销是指出口商以低于国内市场的价格，甚至低于商品生产成本的价格，在国外市场大量抛售商品的行为。商品倾销可分为以下几种类型。

(1) 偶然性倾销。偶然性倾销主要是指由于销售的旺季已经过去或者公司需要改变经营业务，这些产品在国内市场上已经出现了销售困难的情况，为了能顺利把这些产品销售出去，可以采用倾销的方式到国外的市场中进行处理。偶然性倾销这种方式对于那些进口国的同类商品有些不利的影响，但是由于时间较短，发生的概率也不是特别高，属于偶然性的行为，所以进口国一般很少采用反倾销措施。

(2) 掠夺性倾销。掠夺性倾销主要是指一些出口商为了能够快速占据国外市场，采取低于国内市场的销售价格，甚至低于产品的成本价格在国外的市场进行销售，通过这样的方式来与竞争对手抗衡，等取得了一定的市场占有率之后，把产品的价格进行调整和提高，来挽回以前的损失。由于这种掠夺性倾销严重影响了进口国的市场，所以进口国一般会对这样的倾销采用反倾销措施来保护自己本国的市场。

(3) 长期性倾销。长期性倾销主要是指出口商的产品在国外进行销售的价格长期低于国内的价格，这样的倾销具有一定的持续性和长期性，但是出口的价格一般高于成本价格，如果低于成本价格的话，那么出口商就长期处在一个亏损的状态。采用这样的倾销方式一般是想扩大生产规模，降低生产成本。在有些国家，出口商是为了得到政府的优惠政策而采用这样的长期倾销的方式。

(4) 隐蔽性倾销。隐蔽性倾销是出口商按照国际市场上的正常价格出售商品给进口商，而进口商则以倾销性的低价在进口国国内市场上抛售，其亏损部分由出口商给予补偿。

商品倾销是通过人为的措施提高商品竞争力、扩大出口的手段，是一种不公平的贸易行为，这种行为受到各国的谴责。为此，关贸总协定做出严格规定加以规范，授权进口国可以征收反倾销税进行抵制。

2．外汇倾销

外汇倾销主要是指一些出口商利用本国的货币处于贬值的阶段而向国外销售产品的一种特殊的手段。当一个国家的货币在国际上处于贬值阶段，出口的商品的价格就会不断地降低，这样产品就有很好的价格优势，从而也能够不断扩大出口的数量，但是在货币贬值的同时，进口商品价格也在不断地提高，这样就减弱了进口产品的竞争力。一个国家的货币贬值同时会影响到出口和进口，这种作用具有双重性。

所以说，外汇倾销这种方式不是无条件和无限制的进行，必须在一定的条件下才能实现扩大出口的目标。

(1) 一个国家的货币贬值速度要大于国内物价涨幅的程度。当一个国家的货币处于贬值阶段，肯定会引起国内物价的上涨，如果国内物价的涨幅速度大于货币的贬值速度，那么外汇倾销的前提条件就不存在了，也就没有外汇倾销一说。

(2) 其他国家不会采取同等程度的货币贬值行为或者采取一些报复性的措施。如果其他的国家也采取同等程度的货币贬值措施，那么这两国之间的贬值程度就是相互抵消的，货币之间的汇率仍然保持不变，所以不存在外汇倾销了。如果其他国家采取了一些提高关税等手段来抵消这样的货币差距，那么外汇倾销也就没有存在的意义了。

二、出口管制的措施

（一）出口管制的目的

1．经济目的

出口国为了保护国内稀缺资源或非再生资源，维持国内市场的正常供应，促进国内有关产业部门或加工工业的发展，防止国内出现严重的通货膨胀，保护国际收支平衡以及稳定国际市场商品价格，防止本国贸易条件恶化等，常常需要对有关商品出口进行适当控制，甚至禁止出口。

2．政治目的

出口国为了干涉或控制进口国的政治经济局势，在外交活动中保持主动地位，遏制敌对国或臆想中的敌对国的经济发展等，往往以出口控制手段给进口国施加压力或对进口国进行经济制裁，逼其在政治上妥协或就范。

3．军事及其他目的

各国都有义务对可能用于核武器制造的技术、装置、原料的出口实行管制；国际社会对化学武器及其原材料实行出口管制。为了人权目的，对劳改产品出口的禁止等。

(二) 出口管制的商品

出口国对以下几类商品一般实行管制手段。

(1) 具备一定先进技术和尖端设备的战略物资以及所研发的资料信息。比如，很多国家拥有世界很强的武器设备，具有高端先进设备的军用战斗机、先进的计算机以及航空等方面的技术资料。对于这些含有高科技的设备和物资，很多国家都采用管制手段，只有取得政府颁发的许可证才允许被带出去。

(2) 一些在国际市场上占有主导地位的重要商品。这些商品对于发展中国家来说是十分重要的，也是国家实力的重要体现，所以对于这些商品也采取出口管制的手段。由于很多的发展中国家所拥有的出口商品比较单一，出口的市场区域也比较集中，所以遇到市场价格下跌的情况，需要尽量控制这些重要商品的出口，以避免市场不利环境给本国经济带来巨大的损失，所以对这些重要商品采取一定的管制手段。比如，石油输出国就对石油的出口有着严格的控制和监督，只有这样才能稳定石油的价格，保持国家的实力。

(3) 需要"自动"限制出口的商品。迫于对方国家或某一集团的强大压力，某些国家为了缓和与对方的贸易摩擦，不得不对某些具有很强国际竞争力的商品实行出口管制。

(4) 紧缺物资。由于本国对于物资的需求量很大，这些商品对于本国来说都属于紧缺物资，如果不会这些物资进行出口管制，势必会对国内的需求造成很大的影响，从而影响了本国的经济发展，所以这些紧缺物资也不适合出口。

(5) 为了保护本国的生态平衡，更好地保护自己本国所拥有的珍稀动植物，这些重要动植物应该受到出口管制，不能随意带出国，如果随意将这些带出国就按照走私追究法律责任。

(6) 高技术设备实施严格的单方面出口管制。比如，美国仍对中国实行高技术控制，迫使英特尔公司、美国电报电话公司、国际商用机器公司(IBM)等将它们最好的技术束之高阁。美国的这一举措大大损害了美国自身的贸易和经济利益，为此，美国国会在 1995 年推出了新的出口控制法案，以使美国国家安全和出口商的商业利益达到更好的平衡和协调。

(7) 本国的文物和艺术品。一些具有很高收藏价值和历史文化意义的文物都属于管制产品。国家对于这些文物都进行严格的监督和控制，以此手段来保护自己国家的文物不外流，保护自己本国的艺术遗产。

(三) 出口管制的形式

1. 单边出口管制

所谓单边出口管制，即一国根据本国的出口管制法案，设立专门的执行机构，对本国某些商品的出口进行审批和颁发出口许可证，实行出口管制。美国长期以来就推行这种出口管制战略。早在 1917 年，美国国会就通过了《1917 年与敌对国家贸易法案》，禁止所有私人与美国敌人及其同盟者在战时或国家紧急时期进行财政金融和商业贸易上的交易。第二次世界大战结束后，为了对苏联等国家实行禁运，又于 1949 年通过了《出口管制法案》，以禁止和削减全部商品和技术资料经由贸易渠道出口。这个法案以后几经修改，直至《1969 年出口管理法》出台才被取代。此后，美国国会又颁布了《1979 年出口管理法》《出口管理法 1985 年修正案》等，这些法案或修正案一次比一次宽松，但主要规定不变。

1989 年后，世界政治经济形势发生了巨大变化，商业利益已越来越和国家安全利益连在一起。一方面，威胁世界安全的军事存在并没有消除，因此，有必要对出口技术和设备继续实施严格的单方面出口管制，以防止核武器、生化武器的扩散；另一方面，由于出口管制，美国的出口商丧失了世界市场份额，而让外国竞争者乘虚而入。据估计，美国在制造业每年出口损失高达 300 亿美元，计算机业每年也不得不损失 102 亿美元的海外订单。比如，美国休斯敦公司曾试图与中国合作建造卫星项目，但终因美国政府对中国实行技术制裁而失掉数亿美元的生意。又比如，美国对中国实行高技术控制，迫使英特尔公司、美国电报电话公司、国际商用机器公司等只能将它们最好的技术束之高阁，眼睁睁地看着中国有关市场的贸易额每年以 30% 的高速度发展而一筹莫展。显然，这大大损害了美国的贸易和经济利益。在这种背景下，美国在 1995 年推出了新的出口控制法案，尽量使美国国家安全和出口商的商业利益达到更好的平衡。

2. 多边出口管制

多边出口管制就是指几个国家处于共同的经济和政治目的，这些国家的政府之间相互的协商以统一的方式来建立一个国际性的多边出口管制机构，这个机构主要负责制定多边出口管制的货单和国家，同时也制定一些多边出口管制的制度和方法等，从而协商多边出口管制的措施，最后由参与国根据达成的统一意向，自行解决出口商品具体的出口手续和申报手续。

（四）出口管制的主要措施

1. 国家专营

对一些敏感性商品的出口，由政府指定的专门机构和组织直接控制和管理，如澳大利亚和加拿大对小麦出口实行国家专营。

2．实行出口配额制

结合出口许可证有效地控制出口商品规模，如美国对糖、日本对小麦都实施这种数量控制措施。

3．征收出口关税

政府对管制范围内的产品出口课征出口税，并使关税税率保持在一个合理的水平，以达到控制的目的。

4．对出口工业征收产业税

如果对出口工业征收产业税，即不仅对出口产品征税，在国内销售的产品也要征相同的税收，那么，国内出口工业的实际成本就相应提高了。

5．商品清单与国别分组

将商品按照技术水平、性能和用途的不同编制清单，明确规定某类商品出口到不同国家所要求的许可证。

6．出口禁运与进口抵制

出口禁运是制裁国停止向被制裁国出口特定或全部商品，这是一种最严厉的控制措施，一般将国内紧缺的原材料或初级产品列入禁运之列；进口抵制是制裁国停止从被制裁国进口特定或全部产品，其效果与出口禁运很相似。

三、鼓励出口和出口管制措施的经济效应分析

与关税措施和非关税措施产生的宏观经济学效应不同，鼓励出口和出口管制措施是为了实现一国的微观经济战略，所以对于中国这样的大国来说其影响的领域通常仅限于一个产业内部。换句话说也就是鼓励出口和出口管制措施产生的经济学效应是微观的。

总体来说，关于产业的出口措施影响，大概可以分为产品价格上涨和产品价

格下降两类，二者具有一定的相似性。因此，这里仅仅对出口补贴这一措施的经济学效应进行具体分析，其他措施的影响，读者可以仿照这个方法进行自主分析。

从不同的角度会看到出口补贴具有许多不同的功用。从经济效应的角度而言，许多企业会因为出口补贴整个政策而投入生产出后商品，而原本生产出口商品的企业会加大生产力度。对于整个国家而言，这就意味着国内消费减少，价格上涨。正是由于出口补贴这项政策，很多企业开始生产出口商品，因为出口商品比起在国内销售的产品而言更加有利可图。而且，对于一般商品而言，企业对出口数量的多少并没有限制，在这样的前提条件下，企业选择扩大生产规模、扩大出口。从另一个角度我们可以了解到，政府补贴只限于出口的商品，要想使国内销售的产品获得同等利益，只能通过提价来获得。根据价值规律，物价上涨，需求就会减少。国内消费者也必须付出与生产者出口所能得到的一样的价格，才能确保一部分商品留在国内市场而不是全部出口。如图 4-1 所示，出口产品的国际价格为 P_w，在没有补贴时，生产量为 OQ_S，国内需求量是 OQ_D，出口量 $Q_D Q_S$。现在假设政府对每单位商品的出口补贴为 S，单位商品出口的实际所得变成 $(P_W + S)$ 元。在这一价格下，生产者愿意扩大生产增加出口，新的生产量为 $OQ_{S'}$，国内的需求量则因为国内市场价格的上升而下降至 $OQ_{D'}$，供给在满足了国内需求之后的剩余 $Q_{D'}Q_{S'}$ 即为出口。由于国内价格上涨，消费者剩余减少面积（a+b），生产者剩余增加面积（a+b+c）。因政府又提供了面积（b+c+d）的补贴，所以，政府补贴与消费者损失之和减去生产者盈余后，整个社会仍发生净损失（b+d）。

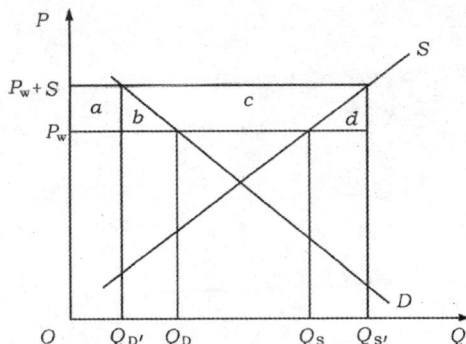

图 4-1　出口补贴的经济效应

但是，并不是说出口越多给企业带来的利润越大。如果出口过多，那么出口补贴相应地会增加，必然会对其国内价格、生产、消费及社会利益产生相同的经济效应。增加出口说明海外市场相应产品增多，物以稀为贵，而这时大量产品的出现务必会使产品价格在整个国际市场降低。对于出口大国而言，出口商品生产者就不能得到全额出口补贴效益，生产和出口的增长也会小于小国，国内价格的涨幅和消费量的下降也会低于小国，但整个社会的净损失也相对较大。因此，不能过多鼓励出口，并进行对其补贴。

由于各国都实行奖出限入的外贸政策，因而纷纷采取形形色色的补贴措施以促进本国产品出口，而进口国政府往往采用反补贴以抵制和消除补贴这种行为对进口国有关产业的不利影响。因此，补贴和反补贴已成为当今国际经济贸易关系中的一个突出问题。

第五章　国际服务贸易研究

在第二次世界大战之后，国际服务贸易得到迅速发展。特别是在 20 世纪 80 年代之后，服务贸易更是在世界经济贸易中占据了不可替代的地位，世界服务贸易的增长速度要远远高于世界货物贸易的增长速度。截至 2013 年，中国服务贸易总额已经达到了 5396.4 亿美元，位居世界前列，比上年增长 14.7%，占中国对外贸易总额的 11.5%。

第一节　国际服务贸易的概念和分类

一、国际服务贸易的概念

服务贸易指的是，通过为他人提供服务以满足其某种需要，并获得一定报酬的活动。根据活动范围的不同，可以将服务贸易分为国内服务贸易和国际服务贸易两种。其中，国际服务贸易指的是一种跨越国境的服务行为，是服务在国际间的输出和输入，是国际间服务的提供和接受。

国际服务贸易主要包括 4 个主要因素，即自然人流动、商业存在、境外消费和过境支付。

(一) 自然人流动

自然人流动指的是，某一成员国内的自然人在其他成员国提供的服务。自然人流动不会涉及投资行为，但是会涉及提供者作为自然人的跨国流动。例如，如果我们国家的某一学校或是企业邀请国外某高级计算机工程师进行业务咨询或是讲学，那么这种活动就可以被看作是自然人流动。但是，如果该工程师在我国境内开设了一家分支机构，那么该种活动就应该被看作商业存在。

(二) 商业存在

商业存在指的是，某一成员国的法人在另一成员国的境内通过建立商业存在的形式提供服务，也就是说服务提供者通过在外国建立商业机构，如物流公司、银行、保险公司、律师事务所等，为所在国的成员提供服务。商业存在是一种仅生产者移动，而消费者不移动的国际服务贸易。

应当注意的是，商业存在是与服务业内的对外投资直接联系在一起的。如果从消费方的角度来看，就是与服务行业的引进外资联系在一起。其具有较大的发展潜力，并且所涉及的范围较广、规模大，因此对服务消费方或产生较强的冲击力。对于以美国为首的发达国家来说，他们将该类服务贸易自由化，这样有利于扩大其在他国服务市场的占领份额；而对于发展中国家来说，由于在服务行业的竞争力较弱，因此不太赞成全面开放服务市场。

(三) 境外消费

境外消费指的是，一个成员国境内向任何其他成员国的消费者提供的服务。在该种服务形式中，消费者，也就是服务的被提供者，跨国国境去另一个国家的服务提供者那里去接受服务。例如，出国留学和境外旅游都属于境外消费方式。

(四) 过境支付

过境支付指的是，由一个成员境内向另一个成员境内提供的服务。在该种服务形式下，服务的提供者和被提供者都在自己本国进行活动，也就是没有过境人员和物资的流动。过境支付是典型的跨越国境的可贸易性服务，其可以通过计算机网络、电视、卫星、邮电、电信等方式实现。例如，国际金融中的清算与支付和国际电话通信服务、视听等都属于该类服务。

二、国际服务贸易的分类

服务业涉及人类生活的方方面面，所包含的内容多种多样，种类众多。随着世界经济的不断发展，科学技术的不断进步，可以在国际服务领域所进行的服务贸易的种类也越来越多。

1989 年，《关税及贸易总协定》秘书在开列的"服务部门参考清单"中，将服务贸易分为 11 个部门。"乌拉圭回合"谈判，在参考各国的实际情况及建议之后，在最后通过的《服务贸易总协定》中采取了以部门为中心的分类方法，将服务贸易分为 12 类，共 150 个项目。这 12 类服务贸易活动，如表 5-1 所示。

表 5-1　服务贸易的 12 种分类

	类别	具体项目
1	商业性服务	是指在商业活动中涉及的服务交换活动，包括专业性服务、计算机及相关服务、研究与开发服务、不动产服务、设备租赁服务和其他服务
2	通信服务	是指所有有关信息产品、操作、储存设备等服务，包括邮电服务、快递服务、电信服务、视听服务等
3	建筑服务	包括工程建筑从设计、选址到施工的整个服务工程
4	销售服务	是指产品销售过程中的服务交换
5	教育服务	是指各国在教育领域的服务交往
6	环境服务	时指污水处理、废物处理、卫生及相关服务等
7	金融服务	主要指银行和保险业及相关的金融服务活动
8	健康及社会服务	主要指医疗服务、其他与人类健康相关的服务、社会服务等
9	旅游及相关服务	是指旅馆、饭店提供的住宿、餐饮及相关的服务，旅行社及导游服务
10	文化、娱乐及体育服务	时指不包括广播、电影、电视在内的一切文化、娱乐、新闻、图书馆及体育服务
11	交通运输服务	主要包括各种货物运输服务、航天发射以及运输服务、客运服务、船舶服务及附属于交通运输的服务
12	其他服务	

三、国际服务贸易与经济发展的关系

服务贸易发展经济发展二者之间成良性互动的关系。服务贸易发展与商品贸易发展相互补充，良性互动。

服务贸易的发展节约了商品贸易所需要的成本，提高了商品贸易的效率，促进了商品贸易的发展。商品贸易的发展，在金融，专业服务等方面促使了服务贸易的发展，提供了服务贸易发展的物质支持。

服务贸易包括运输旅游、通讯、建筑工程承包、视听、教育卫生、金融、广告设计，等等，服务业对于商品贸易发展的贡献是无法用数字来准确描述的，交通运输的发展促进了商品贸易的地域扩展，节省了商品贸易的交易时间，建筑工程承包提供了生产商品所需要的厂房促进了商品的生产，教育为商品贸易提供了合格的从业者，金融为商品贸易提供了资金支持，方便了商品交易，特别是信用的使用，极大地降低了交易成本、防范了交易风险。广告的设计与使用，促进了商品的消费，增进了厂商和各级经销商的联系。因此，服务贸易对商品贸易的发展做出了巨大的贡献。若服务贸易出现问题，则极有可能伤害到商品贸易，如此次的金融海啸，是由次债危机引起的一次全球性的金融动荡，最终的结果是伤害到了实体经济的发展。

商品贸易的发展是服务贸易发展的物质基础，服务贸易的发展需建立在物品贸易的基础之上，若物品贸易发展出现停滞，则服务贸易就像无水之木，必然枯萎。以软件为例，首先需要 IBM 等电脑制造商制造出电脑提供给电脑销售者，在此过程中，IBM 需要以广告的形式面对消费者，然后消费者购买回去后将电脑用于软件开发，向软件需求者提供软件包装，若是消费者采用分期付款的方式，这就又涉及服务贸易中的金融，若是消费者需要通过培训班或者大学学习到软件编程技术就涉及服务贸易中的教育，但 IBM 的高管因为业绩良好而获得奖励上国外度假时就产生了国际服务贸易的旅游贸易。因此，商品贸易的发展才是服务贸易发展的衣食父母。

商品贸易发展是经济发展的主力军，商品贸易在经济的发展中贡献了主要力量，商品贸易占一国贸易的比重最高，二是在世界贸易中货物贸易亦占主要地位。

　　服务贸易与经济发展之间的良性互动。时至今日，从国内而言，服务业在一国经济发展中的作用越来越大，在 GDP 所占的比重亦有一定比例，特别是在一些发达国家，体现得更为明显，2000 年美国服务贸易出口额高达 2534 亿美元，服务贸易顺差达 73 亿美元，服务业产值占 GDP 的比重超过 70%，提供的就业岗位数占就业总数的 80%。中国服务贸易总额为 304.3 亿美元，服务贸易逆差为 56 亿美元，服务业产值占 GDP 的比重为 32.3%。另从经济增长的速度来看，一国服务业的增幅往往要高于商品贸易的增幅，从这个角度上说，服务业的发展极大地促进了经济的发展，2006 年全国广播电视行业总收入 1099 亿元，首次突破 1000 亿元，比上年增加 168 亿元，增幅 18%，要超过经济的增幅，另以建筑业为例，2006 年，全社会固定资产投资 109870 亿元，比上年增长了 24%。其中，城镇投资 93472 亿元，增长 24.5%；农村投资 16397 亿元，增长 21.3%。大量投资通过建筑业的转化，促进了国民经济和社会的稳定发展，提高了人民居住水平和生活水平，有效地增加了农民收入，促进了城乡统筹发展。2006 年，全国建筑业企业完成建筑业总产值 41557 亿元，比上年增加 7005 亿元，增长 20.3%；建筑业增加值 8116.4 亿元，比上年增长 17.6%。又如旅游业的发展，发展进出口旅游，可以增加外汇收入；发展国内旅游可以回笼货币，稳定市场并且扩大就业、促进国民经济发展。

　　从国际贸易来看，服务贸易亦成为国际经济交往的一种重要形式，占对外贸易总额的比例不断提高，服务业有了长足的发展，即服务贸易发展与商品贸易发展，经济发展三者之间为良性互动关系。以中国 2006 年对外服务贸易为例，2006 年中国跨境服务贸易(按国际收支口径统计，不含政府服务，下同)进出口规模继续扩大，再创历史新高。服务贸易进出口总额为 1917.5 亿美元，比 2005 年增长 22.1%。中国服务贸易出口、进口世界排名继续保持 2005 年的水平，分别为第八位和第七位。中国服务贸易出口占全球服务贸易出口总额的比重上升到 3.4%，比 2005 年提高 0.4%。服务贸易出口额占服务贸易和货物贸易出口总额的比重为 8.6%，比 2005 年下降 0.3%。其中，个别行业的出口出现可喜的势头，以中国通讯出口为例，2006 年，中国通讯出口 7.38 亿美元，进口 7.64 亿美元，逆差 0.26

亿美元。与 2005 年相比，出口增长 52.16%，进口增长 26.7%，逆差减少了 0.92 亿美元。通讯服务在全部服务贸易中的比重由 2005 年的 0.69%上升到 0.78%，地位有所提升。通讯服务贸易总额比上年增长 36.79%，全部服务贸易总额比上年增长 21.89%，通讯服务出口增速高于全部服务贸易出口增速 14.9 个百分点。如下表所示，服务贸易的总额在一国进出口额的比重是挺高的。

经济的发展对服务贸易的发展有促进作用，经济发展使人民的收入增长，人民收入增长后可供消费的金钱数量增加，人们更倾向于选择金融理财产品，更倾向于利用闲暇时间旅游、休闲，更愿意主动接受更高层次的教育或者各种各样的或艺术或文艺的培训。因此，经济的发展促进了服务贸易的发展。

第二节　国际服务贸易的发展

一、国际服务贸易发展的阶段

随着资本主义生产方式的产生及发展，国际服务贸易也随之出现，并随着资本主义商品经济的发展而不断壮大。国际服务贸易的发展主要经过了以下 4 个阶段。

（一）萌芽阶段

在 15 世纪末 16 世纪上半期，由于社会生产力有了较大地提高，因此资本主义生产方式也有了较快地发展。而随着地理大发现，同时又促进了行号事业的逐步发达。美洲大陆被发现之后，欧洲殖民主义国家间大量的黑奴贩卖到美洲，因此出现了大规模的"奴隶贸易"，这是带有强烈殖民主义色彩的国际劳务输出、输入活动。15 世纪 70 年代以后，为了实现生产资本的原始积累，英国实行了两次"圈地运动"，造成大批的农民失去土地，走向破产，因此不得走向劳动力市场出卖自身的劳动，成为雇佣劳动力。这就是国际服务贸易的萌芽阶段。

（二）产生阶段

18 世纪 60 年代到 19 世纪 80 年代，在资本主义世界的国家爆发了第一次工业革命，确立了以机器大工业为基础的生产制度。工厂开始普遍使用蒸汽机，这使得资本主义的生产方式得到迅速的发展，并进一步加深了国际分工。社会分工的不断细化和专业化使得很多服务业开始从工农业中分离出来，并逐渐成为独立的行业，开始生产处大量的服务产品。例如，帆船被轮船取代，马车被蒸汽机所取代，这就促进了运输业的快速发展。这是国际服务贸易的产生阶段。

（三）发展阶段

从 19 世纪 90 年代到第二次世界大战以前，资本主义世界的国家又爆发了第二次工业革命，这标志着人类开始进入电子时代，电灯、电车、发动机、电动机、无线电等新技术的相继问世，蒸汽涡轮、内燃发动机等获得了普遍应用，这对生产力的发展起到了巨大的推动作用，促进了商品生产和销售的快速发展。在经历了两次工业革命之后，资本主义国家已经积累了大量的原始资本，因此他们开始迫切要求改变投资环境，从而扩大对外的资本输出，这就对国际间金融业的发展、交通运输业和邮电通信业的发展产生了重大的推动作用。这是国际服务贸易进一步发展的时期。

（四）迅速发展阶段

自第二次世界大战之后，在资本主义世界的国家又开始爆发了第三次工业革命，国际分工得到进一步地细化和专业化，实现了资本和生产的国际化，各国的产业结构也产生了新的变革。在该时期，国际服务贸易得到了进一步地发展，并且在整个世界经济贸易中所占有的比例也越来越大。20 世纪 90 年代以来，世界服务贸易的平均增长率多数年份都超过了国际货物贸易，服务贸易额约占全球贸易额的 1/5~1/4。这就是国际服务贸易迅速发展的阶段。

二、国际服务贸易迅速发展的原因

(一) 世界商品贸易的增长和贸易自由化的迅速发展

1997 年，全球货物贸易的总额已经达到了 5.38 万亿美元，2003 年为 7.3 万亿美元，而到了 2013 年，仅中国的货物贸易额就突破了 4 万亿美元。国际贸易间推行的自由化发展不仅推动了国家间商品贸易的快速发展，并且还推动了各国间银行、保险、运输、咨询等服务的发展。例如，1970 年，整个世界商船吨位为 2.17 亿吨，1995 年为 7.35 亿吨，而在 1997 年，海上运输的总量就已经达到了 50 多亿吨。在中国，随着货物贸易的不断发展，也促进了服务贸易的发展。到了 2012 年，中国服务贸易的进出口总额已经达到了 4710 亿美元，仅次于美国和德国，成为全球服务贸易的第三大国。

(二) 国际分工的日益细致和专业化

为了应对国内和国家市场上激烈的竞争，很多的服务行业开始脱离原有的制造业，并逐渐成为一种独立的产业模式。例如，知识密集型服务在将技术进步转化为生产能力和国际竞争力的过程中发挥出了重要的作用。在工业生产的过程中，生产的各个阶段开始对服务有了更为专业的要求。主要表现为 3 个方面。

(1) 在生产的"上游"阶段，所需要投入的专门服务包括风险资本、可行性研究、产品概念与设计和市场研究等。

(2) 在生产的"中游"阶段，有的服务本来就与商品生产是一体的，如设备租赁、质量控制、后勤供应、保存和维修等；而有的服务则是和商品生产是并行的，如公司运行需要的人事管理、会计、保险、金融、电信、法律、安全、伙食供应等。

(3) 在生产"下游"阶段，需要广告、运输、销售、人员的培训等服务。这样，一个生产企业在世界市场上保持竞争地位的关键是对"下游""上游""中游"3 个阶段服务的反馈。

(三) 跨国公司的迅速发展

随着世界经济的高速发展，跨国公司也如雨后春笋般出现，并得到快速发展，其对服务国际化的迅速发展起到了重要的推动作用。随着信息技术的不断发展，大大方便了投资者了解国外市场的行情，促进规模经济的发展。对于世界上的跨国公司来说，其很多都是金融、信息和专业服务等方面的重要供应者，面向全世界提供专业化的服务。

(四) 服务业在各国经济中的地位明显上升

国际服务贸易的迅速发展，反映出服务业交换的不断扩大，同时也反映出服务业在国民生产总值中所占的比重也越来越大。自 20 世纪 80 年代以来，这一比重在世界所有国家中都有不同程度的提高。到了 20 世纪 90 年代，全世界服务业占国内生产总值的比重平均为 60%，其中 34 个低收入国家平均为 36.1%，48 个中等收入国家为 50%，22 个高收入国家平均为 70%。在 2010 年前，美国的服务业占到了国内生产总值的比重的 75%左右，而在中国，到了 2012 年服务业所占国内生产总值的比重则达到了 44.6%。随着世界各国国民经济服务化的不断加强，国际间相互提供服务的活动也越来越频繁。

(五) 国际投资的迅速扩大和向服务业倾斜

国际投资的快速发展不仅带动了国家货物贸易的增长，并且还带动了国际服务贸易的迅猛增长，尤其是服务业的增长速度最为明显，其迅速扩张的本身就促进了海外服务贸易数量的成倍增长。

(六) 国际服务合作的扩大

国际服务合作，指的是一些国家和地区拥有丰富的工程技术人员和劳动力，通过签订合同的方式，向那些缺乏工程技术人员和劳动力的国家和地区输送服务，并接受报酬的一种国际经济合作。

国际经济合作的方式主要有 4 种：第一，各种技术性服务出口或生产技术合作；第二，承包外国各类工程；第三，向国外提供咨询服务；第四，向国外出租配有操作人员的各种大型机械。这种经济交往方式无论是对服务出口国还是对服务进口国来说都起到重要作用，其既有利于服务输入国的经济发展，同时也有利于服务出口国的经济效益和科学技术水平的提高。当前，国际服务合作已经成为世界各国进行国际交往的一项重要方式。

(七) 各国政府的支持

当前，随着世界服务贸易的不断发展，其对世界国家和地区的经济拉动作用表现得越来越明显，因此他们都开始将服务贸易的发展提到重要的战略高度，制定了一系列的政策措施，保护并进一步促进国际服务贸易的发展和扩大。

(八) 旅游业的发展

第二次世界大战之后，旅游业获得了蓬勃地发展，其发展速度已经超过了世界经济中的许多部门，其发展速度令人瞩目。1970 年之后，国际旅游业已经成为仅次于石油和钢铁工业的第三大产业。出国旅游人数从 1980 年的 2.85 亿人次增加到了 1985 年的 3.2 亿人次。同期，旅游总收入也从 925 亿美元提高到 1048.5 亿美元。1996 年，出国旅游人数达到 5.92 亿人次，旅游业总收入达到 4231 亿美元。而到了 2012 年，全球出国旅游人数更是突破了 10 亿人次，其对国服务贸易的发展起到了巨大的促进作用。

三、当代国际服务贸易的特点总结

20 世纪 70 年代以前，国际服务贸易在世界经贸关系中还不是一个引人注目的领域。《关税及贸易总协定》组织的多轮谈判都还没有考虑到要涉及这一议题。

只是在这以后，国际服务贸易的发展潜力和重要性才开始为人们所重视。我们这里所说的当代国际服务贸易实际就是指的国际服务贸易于最近数十年的发展。

（一）服务贸易在国际贸易中的比重加大

进入 20 世纪 70 年代以来，国际服务贸易有了突飞猛进地发展。1970 年，世界服务贸易总额只有 710 亿美元，而到 1980 年则猛增至 3830 亿美元，10 年间增长 5 倍多。1980 年以后，国际服务贸易依然保持着迅速增长的势头，年平均增长率约 5%，是同期国际货物贸易年平均增长率 2.5%的两倍。到 1993 年，世界服务贸易额达到 10300 亿美元，在全球贸易总额中的比重超过 1/4。人们预计，随着《关税及贸易总协定》"乌拉圭回合"协议的实施和世界贸易组织(WTO)的正式运行，各国将进一步开放服务市场，服务贸易也会随之进一步发展，到 21 世纪末将会占全球贸易总额的 1/3。

（二）国际服务贸易的范围不断扩展

如果把公认的国际服务贸易项目依据其同商品贸易、直接投资的密切程度作以区分的话，我们大约可以得到 3 种类型的国际服务贸易项目。第一类是同国际货物贸易直接相关的古典国际服务贸易项目，如国际运输、国际维修和保养、国际金融服务(主要是贸易结算服务)、商品的批发和零售等；第二类是同国际直接投资密切相关的要素转移性质的国际服务贸易项目，如股票、债券等形式的证券投资收益，经营管理的利润收益，建筑和工程承包等劳务输出以及金融服务业的国际信贷等；第三类是相对独立于货物贸易和直接投资的新兴产业的国际服务贸易项目，如国际旅游业提供的服务、世界信息网络的服务、视听产品与知识产权服务等。20 世纪 70 年代以来，古典服务贸易项目的发展主要表现为规模的扩大和数量的增加。例如，从 1970—1980 年，世界运输服务贸易的出口额从 255 亿美元增加到 1309 亿美元，年均增长率达 17.8%，低于同期世界服务贸易总额 19.7%的年均增长率。这类项目的增长仍然依赖于国际货物贸易的扩大，是当代国际服务贸易中相对稳定增长的部分。要素转移性质的国际服务贸易虽然在最近几十年也有相当的增长，但这种增长多半也属于规模和数量属性的，大体上同世界经济增长率同步。20 世纪 70 年代以来，真正构成国际服务贸易迅速发展的是第三种类型的服务贸易项目。这些是国际服务贸易的新范围、新的生长点。以美国为例，1991 年其新兴服务贸易项目的出口总额为 736.27 亿美元，占其服务贸易出口总额 1751 亿美元的 42%。

（三）国际服务贸易在国际间发展不平衡

工业化国家在国际服务贸易中占有绝对优势。据统计资料显示，1986 年工业化国家在世界服务贸易中所占的比例为 78.6%，其中运输、投资净收益、旅游收入等均占各项目的 75% 以上。目前世界前二十位服务出口大国中，发达国家占了绝大多数。一般来说，工业化国家是服务贸易的顺差国。将要素服务考虑在内，美国是主要的出口国。但是，就狭义上的服务出口而言，法国、英国和意大利最为成功，而美国的地位则相对次之。日本和德国是明显的例外，两国在货物贸易上大幅度出超，但是在服务业上却有结构性赤字。在服务业中，两国在货物运输方面具有很强的竞争力。不过，工业化国家之间在国际服务市场上的相互竞争也十分激烈。欧盟国家与美国之间为争夺发展中国家的市场份额，相互之间存在着种种矛盾，各自在国际服务贸易上推行的政策也有较大的差异。

1995 年 7 月 26 日，《关税及贸易总协定》在布鲁塞尔通过的金融服务贸易多边协议，美国拒绝签字，认为其中某些条款未能照顾到自己的市场竞争利益。各工业化国家在国际服务市场上所占份额的变动，反映出它们在国际服务贸易领域的发展不平衡。就发展中国家而言，除旅游业、劳动汇回款等个别项目(即基于劳务输出之上的项国)之外，它们在服务贸易上全部是逆差。对于绝大多数发展中国家来说，服务并没有为其对外部门做出积极的贡献。那些因劳务输出而获得顺差的项目，通常由于缺少资本和信息，或者由于大型服务性跨国公司的控制(在旅馆业、航空业等领域)，而没有能力留住大部分的附加值。另外，为在竞争日益激烈的市场上寻找出口商品机会，发展中国家不得不从工业化国家进口服务，以取得进入该国商品市场进行销售的机会。很多这类国家的国际收支赤字，特别是在生产者服务领域的赤字，显示出持续的、不断上升的趋势。尽管存在着各种各样的不平衡，但是由于"乌拉圭回合"的《服务贸易总协定》的达成和世界贸易组织的成立，不同发展水平的成员国将自愿或不自愿地参与到国际服务贸易的市场竞争中去。20 世纪 70 年代以前，世界服务贸易市场集中在西方工业化国家；70 年代，中东的几个主要产油国由于其丰富的石油收入而吸收大量的投资，成为世界上主要的国际服务输入市场；80 年代以来，随着亚太地区经济的迅速发展，特别是"四小龙"的崛起，东南亚的国际服务市场十分活跃。目前，世界各地区的国际服务市场都迅速发展，国际服务贸易的多元竞争形势将会更加明显。

(四) 各国对国际服务贸易的重视和研究在加强

由于国际服务贸易自 20 世纪 70 年代以来的迅速发展，国际服务贸易市场的竞争日趋激烈，各国为了自己的利益都加强了对国际服务贸易领域的研究。在传统上，国际服务贸易理论和实证的研究是各国国际经贸关系领域相对被忽视的工作。但自 1986 年国际服务贸易成为"乌拉圭回合"新议题以来，国际服务贸易和国内服务业的发展开始成为政府、工商界和学术界关注的热点。在发达国家，政府拨款资助学术界和智囊机构对这一领域进行专项的研究，分析国际服务贸易的经济学含义、现实发展状况、争夺世界市场的策略以及各种可能的政策行为等。而在发展中国家，一方面它们对于开放金融、保险、运输、视听服务及商业销售等市场方面仍持谨慎的保护主义态度，另一方面也开始重视这一领域的研究。有些国家甚至开始组织对本国的服务业状况和外国的服务业状况进行专门的研究和评价机构，力图在这一新的国际经贸领域中真正做到知彼知己，以便在进入和开放国际服务贸易市场的实践中处于主动的地位。

第三节　服务贸易总协定

一、《服务贸易总协定》条款

（一）适用范围

《服务贸易总协定》适用于各成员国影响服务贸易的各种措施和"服务部门参考清单"所列的 14 种服务部门的服务贸易，并确定服务贸易的定义包括过境交付、境外消费、商业存在和自然人流动等 4 个方面的含义。

（二）义务和原则

1. 义务

《服务贸易总协定》中所规定的义务可以分为两类：第一类是普遍性义务，指的是可以适用于各个部门的义务，不论成员国是否对这些部门进行放开，都必须给予最惠国待遇；第二类是具体承诺的义务，指的是在经过双边或是多边谈判之后所达成的协议中所规定的应该承担的义务。一般说来，该种义务只是适用于由各成员国所承诺开放的服务部门，而不适用于那些还未同意经过开放的服务部门。

2. 原则

《服务贸易总协定》中所规定的一些原则与 GATT 的基本原则极为相似，但是由于服务贸易与货物贸易之间存在很大的差异，因此其规定的原则中也就具有一些特定的含义。

(1) 透明度原则。《服务贸易总协定》规定，各成员国，如果不是遇到极为紧急的情况，都应该立即或是在协定生效之前，对其所采取的所有与服务贸易或对该协定的执行产生影响的措施进行公布，并且还应要求各缔约方建立一个或是多个咨询点，从从而为回答其他成员国的咨询提供便利。

(2) 国民待遇原则。《服务贸易总协定》规定，对外国服务者的待遇，不应低于本国同类或是相同服务者的待遇。但需要注意的是，这种待遇并不是东道国主动提出的，而是经过多次谈判减让的结果，这主要是体现在减让承诺单中。在承诺单中，会对国民待遇原则规定出具体的使用条件和相应的限制条件。通常情况下，这种待遇只是适用于那些已经承诺开放的部门之中。

(3) 最惠国待遇原则。在多边货物贸易和多边服务贸易体制制定之前，必须要确保有该项原则，这是被各个成员国都默许接受的。《服务贸易总协定》中关于最惠国待遇条款规定，"各缔约方应立即和无条件地给予他方服务和服务提供者以不低于其给予某一缔约方相似服务和服务提供者的待遇。"如果某缔约方的规定中存在着与该条款相悖的规定，并且不能取消时，那么就应该在协议生效之前申请最惠国待遇的例外。

(4) 对发展中国家的特殊优惠原则。在《服务贸易总协定》中，对发展中国家做主了特殊的规定，制定了很多鼓励发展中国家积极参与的条款。例如，发达国家应制定措施鼓励发展中国家发展自身的服务业，为其服务的出口提供更多便利的条件。同时，发达国家还应在协定生效之后的两年内建立"联系点"，为实行国际服务贸易的国家提供商业或是技术方面的支持。

协议还对最不发达国家制定了特殊优惠，允许他们在服务业具有一定的竞争力之后才做出具体开放本国市场的承诺。除此之外，发展中国家也可以对国外输入的服务设置一定的限制，其可以根据自身的政策目标和服务业发展水平，较少的开放国内市场，但是要在以后的发展过程中要逐步放开。

(三) 市场准入

《服务贸易总协定》规定，"市场准入是一种经过谈判的具体承诺的义务，各成员国应为其他成员的服务和服务提供者能够进入市场提供可行的渠道，而这种渠道必须以不低于其在具体承诺细目表上已同意提供的条件和待遇。"该条款并不属于普遍义务，而是与各部门的开放所联系在一起的一种具体的承诺，其有利于使分歧较小的部门尽快达成协议。如果某一成员国在细目表中为其他国家提供了多种有关服务准入的渠道，那么其他的国家就可以根据自身的实际情况，选择对自身发展最为有利的那一种。

（四）逐步自由化

逐步自由化针对各成员国在逐步扩大服务贸易自由化中，所涉及的谈判时间、适用范围、具体承诺的细目表以及细目表等方面修改所进行的规定。协议规定，各成员国应定期进行谈判，以此实现服务贸易自由化的进一步提高，减少和消除不利于服务贸易自由化发展的措施，实现有效的市场准入。应当注意的是，在谈判的过程中，应该充分尊重各成员国的政府目标及其国内实际发展水平。对于发展中国家，应该适当放宽政策，允许其自主选择服务交易类型和开放部门。

二、初步承诺减让表

各参加方只有提交初步承诺减让表之后，才能正式成为《服务贸易总协定》的一员。由此可见，初步承诺减让表是《服务贸易总协定》不可分割的部分，具有法律约束，是各国在谈判的基础上所提交的关于开放市场的承诺。初步承诺减让表中的内容为，参加方在双边谈判基础上承担的关于国民待遇和市场准入的义务以及列明有关服务部门和这些部门中的活动，注明对这些部门所实施的待遇和市场准入的限制。

《服务贸易总协定》的制定具有重要的意义，其标志着多边贸易体制正逐步走向完善，是推动世界贸易自由化发展问题上的一个重大突破。该协议的制定为国际服务贸易的发展创造了更好的环境，而且还有利于促使各成员国从服务市场的保护与对立逐渐转向更为科学的自由化与多边谈判，大大加强了各国之间的交往与信息共享，尤其是在技术转让、知识产权、通讯、软件、数据处理、咨询和广告等服务行业的贸易自由化作出了突出的贡献。

三、《服务贸易总协定》中的保障措施

（一）第十条：紧急保障措施

《服务贸易总协定》第十条"紧急保障措施"与《1994年关贸总协定》第十九条原则是一致的，在成员国遇到没有预见到的意外或是由于某一承诺而导致出口量过大，从而损害到本国服务提供者的利益的情况下，该成员国可以终止此承诺，从而降低自身的损失。成员国如果想要采取该项保障措施，那么就应该在实施之前或是之后立即向其他成员国通报，与其进行协商，并提供与该项措施相关的数据。世贸组织服务贸易理事会会对《服务贸易总协定》中相关的保证措施进行严格的监督。

该项保障措施的制定，表明世贸组织对服务市场进行开放之后，如果成员国认为该协定对于自身的损失过大，或是自身的状况无法承受服务市场过度开放的冲击，那么就可以向服务贸易理事会提出进行保护的申请，可以修改承诺，也可以部分或是全部暂时中止履行开放市场的义务。

需要注意的是，《服务贸易总协定》的"紧急保障措施"与《1994年关贸总协定》的第十九条相比，还存在一定缺陷，在具体实施的过程中由于各成员国的理解方式不一样，因此在以后还需进一步的完善。

（二）第十二条：国际收支平衡的限制措施

该项规定主要内容为，如果一个成员国的国际收支和金融地位在逐渐恶化，那么其就可以将原来已经承诺过的开放的服务市场进行一定的限制，或是可以对与这种交易有关的支付和货币转移进行限制。该项规定对发展中国家来说尤其重要，由于发展中国家的金融地位较为脆弱，因此应对他们要求保持外汇储备的要求采取灵活的措施。应当注意的是，采取该种措施的成员国应该注意适度，并且还应在实施改性措施之后立即对其他的成员国进行通知，不能对其他的成员国持有歧视的态度。采取限制性措施的成员还应与其他成员进行协商，并且需要根据国际货币基金所提供的相关数据资料进行评价和判断。

(三) 第十四条：普遍例外和国家安全例外

据该条款规定可知，成员国在特定的情况下，只要符合一定的条件，就可以采取一些与《服务贸易总协定》不一致的措施。特定的情况主要包括有为了维护国内法律和制止欺诈行为；出于保护公共安全、公共卫生、环境、文化、资源等。应当符合的条件包括：不得在情况相似的国家之间采取武断和不公平的歧视；不得借机为国际服务贸易设置限制。成员国在决定采取该项措施之后，应立即通知其他的各成员国。

除此之外，本条还规定："各成员有关国家安全的情报、军事、放射性物质和战争时期等所采取的行动，为执行联合国宪章而采取的行动等，可与《服务贸易总协定》的义务暂时背离。"

(四) 特定情况下修改开放市场承诺义务

在通知服务贸易理事会后，并且一成员在其开放市场的承诺生效 3 年后，就可以随时对开放市场的承诺进行修改，甚至还可以予以撤销。但需要注意的是，该成员国应当多该项措施对其他成员国所造成的损失进行谈判，并且需要再最惠国待遇的基础上进行补偿性的调整。

第四节　国际服务贸易的格局

想要对当前国际服务贸易的整体状况有较为清楚的把握，首先就必须要对国际服务贸易的格局有一定的了解，对此，应该从国际服务贸易的商品构成和国际服务贸易的地区构成两个方面进行全面地研究。

一、国际服务贸易的商品构成

当前，国际服务贸易主要是由运输、旅游和其他商业服务所构成的。从表 5-2~表 5-4 所提供的数据中，我们可以得知：

(1) 2015 年全球运输、旅游和其他商业服务出口额分别为 8900 亿美元、9500 亿美元和 19350 亿美元，其各自在整个商业服务贸易中的比重分别为 23.6%、25.2% 和 51.2%，其中其他商业服务在整个商业服务贸易中所占比重最大。

(2) 1990—1999 年 10 年间，全球运输、旅游和其他商业服务出口的年增长率分别为 4%、6% 和 8%。

2000—2015 年的 10 多年间，全球运输、旅游和其他商业服务出口的年增长率分别为 13%、9% 和 14%，其中其他商业服务出口增长最快。

表 5-2 1990—2015 年全球运输服务出口状况

1999 年出口额/10 亿美元	310
2008 年出口额/10 亿美元	890
年增长率(%)	
1990—1995 年	6
1995—2000 年	3
2000—2015 年	13
2011 年	11
2013 年	20
2015 年	16
1999 年全球运输服务出口在整个商业服务贸易中的比重(%)	23.0
2015 年全球运输服务出口在整个商业服务贸易中的比重(%)	23.6

资料来源：International trade statistics 2016

表 5-3 1990—2008 年全球旅游服务出口状况

1999 年出口额/10 亿美元	440
2008 年出口额/10 亿美元	950
年增长率(%)	
1990—1995 年	9

续表

1995—2000 年	3
2000—2015 年	9
2011 年	10
2013 年	15
2015 年	10
1999 年全球旅游服务出口在整个商业服务贸易中的比重(%)	32.8
2008 年全球旅游服务出口在整个商业服务贸易中的比重(%)	25.2

资料来源：International trade statistics 2016

表 5-4　1990—2015 年全球其他商业服务出口状况

1999 年出口额/10 亿美元	600
2015 年出口额/10 亿美元	1 935
年增长率(%)	
1990—1995 年	10
1995—2000 年	7
2000—2011 年	14
2011 年	17
2013 年	22
2015 年	11
1999 年全球其他商业服务出口在整个商业服务贸易中的比重(%)	44.2
2008 年全球其他商业服务出口在整个商业服务贸易中的比重(%)	51.2

资料来源：International trade statistics 2016

二、国际服务贸易的地区构成

2016 年各主要国家或地区运输、旅游和其他商业服务出口与进口在整个商业服务中的比重。由表 5-5~表 5-7 中，我们可以得知的信息有：(1)美国是所有种类服务贸易中最大的出口国和进口国，除运输服务为逆差外，旅游和其他商业服务均为顺差，并且整个服务贸易为顺差，与其货物贸易的逆差形成反差。(2)在所有服务贸易中，进口和出口都排在前 15 位的大多是发达国家，尤其是在服务出口方面，发达国家占据绝对的优势。(3)发展中国家或地区只有在旅游服务中才能占据到前 15 位中，尤其是在旅游服务出口方面。例如，2016 年，中国旅游服务的出口和进口均排在第三位，金额分别为 408 亿美元和 362 亿美元。

表 5-5　2016 年运输服务的主要进出口国家和地区

指标　　　国家和地区	金额/10 亿美元	在全球出口(进口)中所占的份额(%)		年增长率(%)			
年份	2015 年	2000 年	2015 年	2000—2015 年	2011 年	2013 年	2015 年
出口国和地区							
欧盟(27 个国家)	402.7	42.6	45.2	13	11	21	15
欧盟外	195.4	—	21.9	—	8	19	19
美国	90.6	14.5	10.2	8	10	13	17
日本	46.8	7.4	5.3	8	5	12	11
韩国	43.5	3.9	4.9	16	8	30	30
中国	38.4	1.1	4.3	34	36	49	23
新加坡	28.8	3.4	3.2	12	18	16	2
中国香港	28.5	17	3.2	11	10	14	11
挪威	21.6	2.8	2.4	11	−1	19	13
俄罗斯	15.0	1.0	1.7	20	11	17	27
加拿大	11.9	22	1.3	6	8	6	7
印度	11.1	0.6	1.2	24	32	18	23
澳大利亚	8.9	1.2	1.0	9	3	14	23
埃及	8.2	0.8	0.9	15	16	27	17
土耳其	7.8	0.9	0.9	13	−2	32	26
乌克兰	7.6	0.8	0.9	13	19	14	25
上述 15 个国家和地区	770.0	86.7	86.5	—	—	—	—
进口国和地区							
欧盟(27 个国家)	363.6	35.6	34.8	12	11	18	12
欧盟外	162.1	—	15.5	—	12	15	16
美国	104.7	15.7	10.0	6	5	3	10
日本	54.0	8.0	5.2	6	6	14	10
中国	50.3	2.5	4.8	22	21	26	16
印度	41.4	2.1	4.0	22	20	24	34
韩国	37.2	2.6	3.6	16	15	26	28
新加坡	29.8	3.0	2.9	11	17	23	2

续表

指标 国家和地区	金额/10 亿美元	在全球出口(进口)中所占的份额(%)		年增长率(%)			
年份	2015 年	2000 年	2015 年	2000—2015 年	2011 年	2013 年	2015 年
进口国和地区							
阿拉伯联合酋长国	25.5	1.1	2.4	24	23	42	33
泰国	23.0	1.6	2.2	17	13	11	26
加拿大	20.3	2.2	1.9	10	13	14	9
澳大利亚	15.1	1.5	1.5	12	5	15	16
中国香港	14.9	1.5	1.4	12	11	20	7
挪威	14.5	1.2	1.4	14	2	33	10
印度尼西亚	13.8	1.0	1.3	17	10	16	45
俄罗斯	13.0	0.6	1.2	24	31	39	39
上述 15 个国家和地区	820.0	80.2	78.7	—	—	—	—

资料来源：International trade statistics 2009

表 5-6　2015 年旅游服务的主要讲出口国家和地区

指标 国家和地区	金额/10 亿美元	在全球出口(进口)中所占的份额(%)		年增长率(%)			
年份	2015 年	2000 年	2015 年	2000—2015 年	2011 年	2013 年	2015 年
出口国和地区							
欧盟(27 个国家)	393.2	41.8	41.3	9	9	14	7
欧盟外	108.2	—	11.4	—	12	14	4
美国	135.2	20.7	14.2	4	5	12	13
中国	40.8	3.4	4，3	12	16	10	10
澳大利亚	25.2	2.0	2.6	13	6	25	12
土耳其	21.9	1.6	2.3	14	-7	10	19
泰国	17.6	1.6	1.9	11	40	24	6
中国澳门	17.4	0.6	1.8	25	23	38	28
加拿大	15.3	2.3	1.6	4	7	5	-1
中国香港	15.2	1.2	1.6	13	13	18	10
瑞士	14.4	1.4	1.5	10	8	13	18
印度尼西亚	14.0	1.1	1.5	14	18	24	8

续表

指标 国家和地区 年份	金额/10 亿 美元 2015 年	在全球出口(进口) 中所占的份额(%)		年增长率(%)			
		2000 年	2015 年	2000—2015 年	2011 年	2013 年	2015 年
出口国和地区							
墨西哥	13.3	1.8	1.4	6	3	6	3
俄罗斯	11.9	0.7	1.3	17	30	26	24
印度	11.8	0.7	1.2	17	15	24	10
克罗地亚	11.3	0.6	1.2	19	8	16	22
上述 15 个国家和地区	760.0	81.5	79.7	—	—	—	—
进口国和地区							
欧盟(27 个国家)	390.9	44.6	45.9	9	5	15	10
欧盟外	140.8		16.5		5	17	9
美国	85.4	15.6	10.0	3	5	5	4
中国	36.2	3.0	4.2	14	12	22	21
日本	27.9	5.4	3.3	2	−2	−1	5
加拿大	27.3	2.9	3.2	10	14	20	10
俄罗斯	24.9	2.1	2.9	14	5	22	12
韩国	17.1	1.7	2.0	12	22	17	−22
挪威	15.9	1.1	1.9	17	15	21	13
澳大利亚	15.9	1.5	1.9	12	4	22	12
中国香港	15.9	2.9	1.9	3	6	7	6
新加坡	14.2	1.1	1.7	15	10	12	14
阿拉伯联合酋长国	13.3	0.7	1.6	20	43	28	18
巴西	11.0	0.9	1.3	14	22	42	34
瑞士	10.9	1.3	1.3	9	5	11	6
印度	9.6	0.6	1.1	17	11	20	17
上述 15 个国家和地区	715.0	85.2	84.0	—	—	—	—

资料来源：International trade statistics 2016

表 5-7 2015 年其他商业服务的主要进出口国家和地区

指标 国家和地区	金额/10 亿美元	在全球出口(进口)中所占的份额(%)		年增长率(%)			
年份	2015 年	2000 年	2015 年	2000—2011 年	2011 年	2013 年	2015 年
出口国和地区							
欧盟(27 个国家)	958.1	45.0	49.5	16	15	24	10
欧盟外	439.6		22.7		15	26	10
美国	295.6	19.6	15.3	11	18	18	7
日本	88.8	6.0	4.6	11	16	10	17
印度	79.7		4.1		40	24	18
中国	67.2	1.6	3.5	27	25	46	27
瑞士	54.3	2.8	2.8	15	13	23	15
中国香港	48.7	3.3	2.5	11	17	17	7
新加坡	43.5	1.7	2.2	18	22	27	1
加拿大	37.6	3.2	1.9	8	9	10	2
俄罗斯	23.7	0.4	1.2	32	35	34	34
韩国	21.5	1.4	1.1	11	20	31	−3
中国台北	21.3	1.8	1.1	7	19	9	12
挪威	19.3	0.9	1.0	16	34	27	13
巴西	17.6	0.9	0.9	15	30	33	30
以色列	14.8	1.3	0.8	7	17	6	10
上述 15 个国家和地区	1 790.0	91.4	92.6	—	—	—	—
进口国和地区							
欧盟(27 个国家)	758.2	46.0	47.6	13	12	21	10
欧盟外	317.8	—	19.9	—	10	23	14
美国	177.8	12.4	11.2	11	22	14	8
日本	85.6	8.0	5.4	7	17	14	17
中国	71.5	2.0	4.5	25	26	35	27

续表

指标 国家和地区 年份	金额/10 亿美元 2015 年	在全球出口(进口) 中所占的份额(%)		年增长率(%)			
		2000 年	2015 年	2000—2011 年	2011 年	2013 年	2015 年
进口国和地区							
加拿大	39.0	3.6	2.4	8	8	10	1
韩国	37.5	2.4	2.4	12	16	19	21
俄罗斯	36.7	0.8	2.3	28	23	39	40
新加坡	34.9	2.0	2.2	14	21	12	5
印度	32.6	—	2.0	—	32	20	3
巴西	23.0	1.2	1.4	15	18	21	28
沙特阿拉伯	19.5	—	1.2	—	—	—	—
泰国	18.1	1.0	1.1	15	38	24	22
瑞士	17.5	0.6	1.1	21	-1	24	10
中国香港	15.1	1.0	0.9	13	12	20	12
澳大利亚	14.5	1.0	0.9	12	9	32	28
上述 15 个国家和地区	1 380.0	84.5	86.7	—	—	—	—

资料来源：International trade statistics 2009

2008 年各主要地区运输业、旅游业和其他商业服务出口与进口在其整个商业服务中的比重。从表 5-8 中的数据，我们可以看出：(1)北美商业服务的进口和出口方面，要高于旅游和运输服务。(2)中南美洲只有旅游服务为顺差，其他商业服务和运输服务均为逆差。(3)欧洲在服务进出口方面所占比重由大到小为其他商业服务、旅游和运输服务，并且各项服务贸易都是顺差。(4)非洲的旅游服务出口所占比重最大，进口服务最多的是运输，其次是其他商业服务。(5)亚洲服务出口的比重大小依次为其他商业服务、旅游和运输服务，服务进口的比重大小依次为其他商业服务、运输和旅游服务，其中只有运输服务为逆差。

表 5-8 2015 年各地区运输业、旅游业和其他商业服务服务的进出额

(单位：10 亿美元)

行业 国家和地区	运输业		旅游业		其他商业服务	
	出口	进口	出口	进口	出口	进口
北美洲	105	129	164	121	336	230
中南美洲	25	45	42	28	41	45
欧洲	443	398	451	427	1 043	801
欧盟 27 个国家	403	364	393	391	958	758
独联体国家	31	26	21	33	32	56
非洲	26	53	40	21	22	47
中东	22	66	32	48	44	53
亚洲	240	326	202	175	417	363

资料来源：International trade statistics 201

发达国家在服务贸易中处于绝对优势地位，发展中国家处于劣势地位。通过以上几个表格中所提供的数据，我们可以得出结论：发达国家在服务贸易中处于绝对优势地位，而发展中国家则处于不利的地位，尤其是欠发达国家，在 2013 年的商业服务贸易总额中只有 1.43 亿美元。从表 5-5~表 5-7 中可以看出，排在前 15 位的大多数为发达国家，特别是在服务出口方面，发达国家具有明显优势。只有在旅游服务出口方面才有稍多一些的发展中国家或地区出现在进出口的前 15 位中。例如，中国、泰国和墨西哥等。

除此之外，通过对上述表格中数据的分析，我们还可以得出以下结论：

第一，在国际服务贸易中，最大出口方和进口方通常都是发达国家。在 2015 年，欧盟、美国和日本在运输服务和其他商业服务方面，出口和进口均排在前三位。同年，欧盟、美国和中国在旅游服务出口和进口也都排在前三位。

需要注意的是，发达国家之间发展也缺少平衡。例如，在整个北美地区中，美国处于绝对优势地位，2015 年美国运输服务出口为 906 亿美元，进口为 1047 亿美元。而加拿大出口为 119 亿美元，进口为 203 亿美元。同年，美国的旅游服务出口为 1352 亿美元，进口为 854 亿美元。而加拿大出口为 153 亿美元，进口为

273 亿美元。2008 年美国其他商业服务出口为 2956 亿美元，进口为 1778 亿美元。而加拿大出口为 376 亿美元，进口为 390 亿美元。美国商业服务是顺差，顺差主要来自其他商业服务贸易和旅游服务。加拿大商业服务是为逆差，2008 年的逆差来自运输、旅游和其他商业服务 3 个方面。

第二，在国际服务贸易的成员国中，大多数的发展中国家都处于逆差的状态，只是个别的国家在个别的服务领域上位顺差。例如，2015 年，亚洲地区的服务出口为 8590 亿美元，进口为 8640 亿美元，逆差为 50 亿美元。中国的旅游服务业为顺差，出口为 408 亿美元，进口为 362 亿美元，而在运输和其他商业服务方面则为逆差。非洲地区的服务出口为 880 亿美元，进口为 1210 亿美元，服务贸易逆差为 330 亿美元，并且大于其商品贸易的逆差。中南美洲地区的服务贸易也为逆差，其中出口为 1080 亿美元，进口为 1180 亿美元。

第六章 国际贸易发展与金融风险防范

第一节 国际金融风险产生与控制

一、国际金融风险的内涵

可见，国际金融风险与一般意义上的金融风险有所不同。从内涵来说，国际金融风险的内容要比一般金融风险的内容丰富得多；从外延来看，国际金融风险要比一般金融风险的范围小，前者仅限于发生或存在于国际资金借贷和经营过程中的风险，而后者则包括发生与存在的金融领域的一切风险。鉴于国际金融风险与一般金融风险概念存在着一定的差别，我们有必要对国际金融风险概念作以下几点说明：

第一，国际金融风险的研究主要在国际贸易和国际投融资过程中存在或发生的风险，并分析此类风险对贸易行为、投资行为和资金运用的影响。可见，国际金融风险的承担者主要是从事国际贸易、跨国资金筹集和经营活动的经济实体，包括居民个人、企业、银行、非银行金融机构甚至政府等。

第二，国际金融风险的研究将国际金融风险作为在开放经济条件下，社会经济运行的一种宏观经济机制来看待。也就是说，国际金融风险由开放经济过程中的许多复杂因素交互作用而产生，国际金融风险管理的目的是使一国(地区)宏微观经济在开放经济系统中形成一套自我调节和自我平衡的机制。

第三，国际金融风险的研究把国际金融对资金筹集者和资金经营者的影响看成是双重的，既有蒙受经济损失的可能，又有获得超额利润的可能。当然，对金融风险的研究，在指出其积极因素的同时，更要注意采取相应措施，防范其消极影响的破坏作用。

通过上述分析可知，国际金融风险仅限于存在和发生于国际贸易和资金的跨国借贷与经营过程中的风险。因此，只要一进入这些领域，风险就随之形成并有可能成为实际的风险。一旦成为现实，其损失和恶劣影响就难以弥补和克服。对金融业来说，它会使涉及的金融机构的资本金被侵蚀、发生亏损、金融资产难以收回、金融秩序出现混乱等，进而引起一国乃至某一地区或整个世界政治、经济的动荡，东南亚金融危机即是明证。

二、国际金融风险产生的原因分析

国际资本流动和国际资本市场对推动全球经济发展，促进资本和技术在各个地区之间的合理配置做出了很大的贡献，但是随之而来的波动和因此而导致的国际金融危机的风险也日益增加。全球化、网络化和信息化的国际资本流动以全球金融市场的急剧动荡为主要特征，金融资产价格波幅之大，传播范围之广，为前所未见，这种剧烈的波动及其附带的扩散效应就是国际金融危机产生的根源。

国际金融危机一般有 3 种表现形式，分别是货币危机、外债危机、银行危机。货币危机指一国货币在外汇市场面临大规模的抛压，从而导致该种货币的急剧贬值，或者迫使货币当局花费大量的外汇储备和大幅度提高利率以维护现行汇率；外债危机是指一国不能履约偿还到期对外债务的本金和利息，包括私人部门的债务和政府债务；银行危机是指由于对银行体系丧失信心导致个人和公司大量从银行提取存款的挤兑现象。

国际金融危机离中国并不远。从历史上看，20 世纪末是金融危机的多发时期。从最早的 1992 年欧洲金融危机到 1994 年的墨西哥金融危机，再到 1997 年的亚洲金融危机，最近的有 2000 年的南美金融危机。其中以 1997 年爆发的亚洲金融危机最具备国际金融危机的特点，当然破坏力也最具全球性质。

作为现代经济的血液传导输送系统，国际资本市场的安全性和效率非常令人关注。亚洲金融危机及其触发的全球范围的市场动荡不安给世界经济造成巨大的破坏，直到今天其影响仍在继续，这足以说明国际资本流动而引发的金融危机应该引起我们的高度关注。对它的成因以及对策的研究是关系到国家乃至世界经济稳定和发展的重大问题。

国际金融危机的成因如果简单的列举，可以归结为 5 点，分别是经济过热导致生产过剩、贸易收支巨额逆差、外资的过度流入、缺乏弹性的汇率制度和不当的汇率水平、过早的金融开放。但是在实际中这些因素往往是综合起来起作用的。

以亚洲金融危机为例来具体分析就不难看出，是内部和外部的多种因素共同作用结果导致了金融危机的总爆发。具体的原因可以归结为，经济发展过热，结构不合理，资源效益不佳。东南亚国家的经济从 20 世纪 70 年代开始相继起飞，增长很快。但长年的高速增长也积累了严重的结构问题，这些国家都注重于推动经济的新一轮的增长，忽略了对结构问题的解决。"地产泡沫"破裂后造成银行坏账、呆账严重。东南亚各国在过去十几年的经济高速增长期间房地产价格暴涨，吸引银行向房地产大量投资，银行呆账的增加大大影响了东南亚金融体系的稳定，在危机之前一些金融机构已经濒临破产。从外部看，其他资本市场，如日本股市的复苏和美元的持续走强，都使得一部分原来流入东南亚的外资撤离，构成了对这些亚洲国家货币的强大压力。在这种形势下，巨额国际资本的高流动性和高投机性终于搅起了这场空前的金融动荡。国际金融危机具有广泛和巨大的影响。以亚洲金融危机为例子，它对各国都产生了程度不同的负面影响。由于在进行向市场经济转变的过程中中国政府的调控和管理得当，那次亚洲金融危机并没有对中国造成直接影响。但是不管如何，中国仍然感受到亚洲金融危机的种种间接影响。

三、国际金融风险的防范

如今亚洲金融危机的影响已经减弱了很多，但是其余波仍未完全消除，国际经济仍然在为成功摆脱衰退回归繁荣而努力。国际资本市场的波动性和不可预测性仍然存在，地区发展的不平衡性，不同国家金融、经济乃至政治上的缺陷都可能造成下一次金融危机的爆发。对于成功抵御了亚洲金融危机直接波及的中国而言，分析其产生原因，我们可以从中得到不少有益的启示。同时如何抓住机遇调整结构制订策略，防范甚至提前化解下一次金融危机也是中国金融业今后发展的重要课题。笔者认为，中国防范和化解未来金融危机的策略可以归结如下：防范金融风险的最佳途径是优化本国经济结构、强化本国经济。各次金融危机的教训表明，发展中国家只有优化国内经济结构，才能真正改善长期国际收支的状况，确实保护自身不受国际资本流动无常变化的影响。

（一）有计划有步骤地开放资本市场

对发展中国家来说，资本项目对外开放要慎之又慎。发展中国家追求经济快速发展，为了吸引外资流入，往往在条件不具备或者准备不充分的情况下，贸然实行资本项目的自由兑换。殊不知当允许国外资金自由流入本国时，同样也必须允许自由流出。当国际游资流入时，如果运用不当将使本国经济陷入困难，如果一有风吹草动，大量资金外流时本国将面临对外支付的困难。因此中国今后资本项目实行自由兑换应放慢步伐，慎之又慎，待条件比较充分时再实行资本项目自由兑换。

（二）中国的开放必须是在保证国家经济安全的条件下的开放

国家经济安全是在世界经济越来越融合的情况下很多国家必须考虑的问题。国家经济安全是指大国、小国共同地融合在一个大的市场经济环境中，它们的地位是不同的，抵御越来越一体化的世界经济风浪冲击的能力也是不一样的，这种保卫自己的能力就是一国的经济安全度。经济安全的保卫需要本国一整套的系统，既要开放，又要在金融的管制、进出口资金的管理方面使本国的企业、政府和银行人员的经营能力与发达国家拉平，有在管理、经营、投资各方面和发达国家同等素质的人才、系统、制度。

（三）开放金融市场要做好准备和试点，应该采取谨慎的步骤和策略

即使在加入 WTO 的今天也要清楚认识到，中国与发达国家处于不同的发展阶段，中国的情况不能与发达国家进行简单对比。发达国家在实现资本自由流动方面也经历了若干历程。发达国家的资本自由流动是与其经济发展水平、市场完善程度和金融监管水平相适应的。同时，也是金融创新和技术进步的产物。中国由于市场基础和市场规范还很不完善，金融监管水平也需要在开放中的动态博弈中逐步提高，对于资本自由流动这把双刃剑，在带来利益的同时也包藏着巨大风险，因此，在目前中国不能像发达国家那样，让资本自由流动。但是资本全球化、资本自由流动是大势所趋，因此目前我们就应该积极进行准备，有步骤、有计划地实现金融市场和金融制度的调整，为中国安全、成功地融入全球资本市场打下坚实的基础。

为了促进经济的进一步发展，中国融入全球化市场是历史的必然。如何在这个过程中既享受国际资本市场和资本自由流动带来的种种好处，又同时防范和化解由此产生的金融危机风险就成为中国的金融界乃至政府需要关注的重大问题，它给中国金融机构、中央银行和政府都提出了许多政策上的挑战。对此，只有未雨绸缪早做准备才是应对挑战的正确策略。通过制定正确的政策措施，笔者相信中国一定能够健康、顺利地实现经济的更大发展。

第二节 国际贸易中金融政策的调整

一、固定汇率制度下的财政政策

（一）资本完全流动下财政政策

资本完全流动，同时又采用固定汇率制度，那么"不可能三角"意味着，货

币政策是不独立的。而资本完全流动时，BP 曲线对利率就存在无限弹性，即任意微小的利率变动都会引起资本的大规模流入或流出。特别需要说明的是，本国利率水平略高于国外利率，资本就会大规模流入；若略低于国外利率，资本就会大规模流出。资本完全流动下的 BP 曲线方程可以表示为：

$$i=i^*$$

因此，BP 曲线在利率和收入坐标系中就是一条水平线。

假设初始时，产品市场、货币市场和国际收支都处于均衡状态，由图 6-1 中 E_0 点表示。假设政府实施了扩张性的财政活动，将财政支出从 G_0 提高到 G_1。

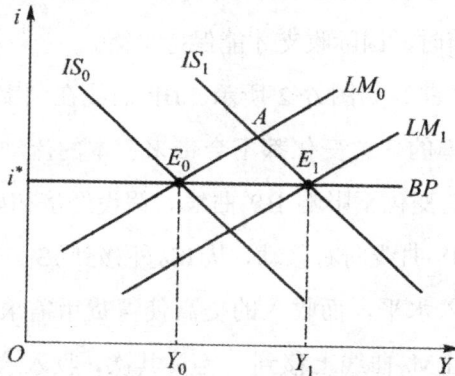

图 6-1　固定汇率制度、资本完全流动下的扩张性财政政策

这个活动将使得国内产品的需求上升，使得 IS 曲线从图中向右上移动到 IS_1需求上升首先将提高收入水平，而收入的上升，使居民的货币需求增加。当货币供给没有相应增加时，出现货币需求大于货币供给，拉动利率水平上升。利率的上升存在挤出效应，特别是对投资需求的挤出。上述过程与封闭经济的情况一致，使得经济从 E_0 点上升到 A 点。

与封闭经济下的扩张性财政政策效果比较，我们发现在固定汇率制度和资本完全流动下，开放经济的扩张性财政政策的效果要更好。这与挤出效应有关。在封闭经济下，财政政策存在挤出效应。财政支出增加提高收入的同时，通过货币市场提高了利率，而利率的上升抑制了居民和企业对产品的需求，尤其是企业的投资需求。而在开放经济下，资本的完全流动抑制了利率的上升，使得财政政策的挤出效应消失，所以财政政策的效果更大。

(二) 资本完全不流动下财政政策

当资本完全不流动时，国际收支中就只有经常账户，金融账户恒等于零。为了分析一种极端的情形，假设进口需求不受利率的影响。那么 BP 曲线方程转变为：

$$X(e)-eM(Y)=0$$

在固定汇率制度和资本完全不流动下，国际收支是否均衡取决于收入水平。如果收入水平较高，国际收支将出现赤字；收入较低，国际收支出现盈余。因此，只有收入水平在一定值时，国际收支才能保持平衡。

在此情形下的 BP 曲线如图 6-2 所示。BP 曲线在利率和收入坐标系中变成一条垂直线。因为利率的任意变化都不会带来资本的流动，并且贸易也不受利率的影响，从而利率的变化不影响 BP 曲线。假设经济初始均衡位于 E_0 点。扩张性的财政政策使得 IS 曲线向右移动，从 IS_0 外移到 IS_1。首先，财政支出增加，通过增加产出提高收入水平，而收入的提高使得货币需求超出货币供给，利率上升。经济从 E_0 点沿 LM_0 曲线上移到 A 点。其次，收入水平的提高将增加本国进口需求，使得经常账户出现赤字，从而国际收支出现赤字。外汇市场中外汇供不应求，货币当局通过出售外汇，买入本币来干预汇率。结果货币供给下降，LM 曲线左移。利率和收入沿着 IS_1 曲线从 A 点向左上移动，利率继续上升，而收入转为下降。只要收入水平仍然大于环，国际收支继续出现赤字。那么上述过程将持续，直到收入再次回复到 Y_0。再次，实现产品市场、货币市场和国际收支同时均衡时，利率水平已经不再是前面的数值了。由于持续的国际收支赤字，本国货币供给已经增加。因此，在固定汇率制度和资本完全不流动下，更高的财政支出对应的是更多的货币发行和更高的利率等名义变量。而财政支出的增加并没有改变经济中的实际变量。因此，总量上，财政政策失效。在结构上，财政政策的挤出效应发挥到极致。财政支出的增加幅度与私人部门消费和投资减少幅度完全相等。

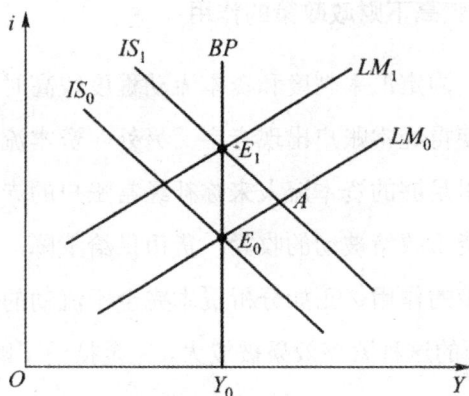

图 6-2　固定汇率制度、资本不流动情况下的扩张性财政政策

需要说明的一点是，在资本完全不流动下，国际收支的变动相对是比较缓慢的，这是资本流动速度和产品贸易流动速度的差异引起的。在扩张的财政政策下，国内收入的上升尽管会表现在进口需求上，但是由于存在各种黏性，比如寻找新的进口货源、签订更加大规模的进口合同，以及贸易运输等因素的存在．进口不会立即增加。所以，在财政支出增加的短期内，国际收支没有立即出现赤字。那么货币紧缩在短期内就不会出现。因此，在资本完全不流动和固定汇率制度下，扩张性的财政政策在短期内仍然能够刺激经济的发展。但是，长期中，经常账户逆差带来的紧缩性货币政策将抵消扩张性财政政策的效果。

（三）资本不完全流动下财政政策的作用

上述分析表明，固定汇率制度下，财政政策的效果受到资本流动的影响，当资本完全流动时，财政政策效果非常明显，然而资本完全不流动时，财政政策完全没有效果。因此，可以预期在资本不完全流动下，财政政策的效果介于上述两种极端情形。

资本不完全流动情况下，仍然可以分两种情形进行分析。考虑资本流动对利率的敏感性，可以将资本流动程度分成两类：资本流动程度较高和资本流动程度较低。

1. 资本流动程度较高下财政政策的作用

与封闭经济比较，固定汇率制度和资本流动程度较高时，财政政策的效果要大于封闭经济，从而使得经常账户出现赤字。另外，资本流动的利率弹性过低，利率的上升不足以吸引足够的资本流人来弥补经常账户的赤字。因此，出现国际收支赤字。赤字使得货币政策被动的收紧，货币供给下降，这就产生了一种紧缩效果，抵消了财政政策的作用。正如分析资本完全不流动的情形，如果资本流动被完全禁止，那么货币的这种紧缩效果被放大，完全抵消了财政政策的扩张效果。

2. 资本流动程度较低下财政政策的作用

与封闭经济比较，资本流动程度较低时，扩张性的财政政策的效果要低于封闭经济。其原因是，扩张性的财政政策推动利率和收入上升的同时，使得国际收支产生了赤字。因为收入上升会提高进口，从而使得经常账户出现赤字。另外，由于资本流动的利率弹性过低，利率的上升不足以吸引足够的资本流入来弥补经常账户的赤字。因此，出现了国际收支赤字。赤字使得货币政策被动的收紧，货币供给下降，这就产生了一种紧缩效果，抵消了财政政策的作用。正如分析资本完全不流动的情形，如果资本流动被完全禁止，那么货币的这种紧缩效果被放大，完全抵消了财政政策的扩张效果。

二、固定汇率制度下的货币政策

在固定汇率制度下，货币政策的效果也受到资本流动程度的影响。这是"不可能三角"决定的。"不可能三角"表明，固定汇率制度下，货币政策独立性和资本自由流动两者不可能同时成立，只能选择其一。因此，在资本完全流动下，货币政策独立性消失，货币政策失效；在资本完全不流动下，货币政策独立，因此货币政策仍然能起到干预经济的作用。另外，当资本流动程度不完全的时候，货币政策的独立性也处于受限制状态。因此，货币政策效果的大小取决于资本流动程度的高低。下面通过具体的图形分析讨论以上观点。

(一) 资本完全流动下货币政策的作用

固定汇率制度和资本完全流动下，货币政策失效。原因是货币供给成为一个内生变量，不能被货币当局独立控制。下面以一次扩张性货币政策的效果为例分析货币政策效果，如图 6-3 所示，令经济初始处于均衡点 E_0 假设货币当局通过增发货币来提高货币供给。那么 LM 曲线向右移动，从 LM_0 移到 LM_1。货币供给的上升使得货币供大于求，利率下降；利率下降导致国内的消费和投资上升，带动产出增加，收入上升。在图中，利率和收入组合从 E_0 处沿 LM 曲线向右下方运动到 A 点。然而，考虑到国际收支方面，A 点处国际收支存在赤字，因为，此时国内利率低于国外利率，资本将大规模流出。这使得外汇市场中出现本币供给过剩，外汇供给短缺。货币当局有义务维持汇率稳定，必须出售外汇，收回本币。货币供给的下降使得 LM 曲线向左移动，利率上升。原先多发的货币被部分的抵消了。如果利率仍然低于国外利率，那么上述过程将继续进行，直到货币回收使得货币市场在初始利率水平上出清为止。此时，初始扩张性的货币发行全部被干预外汇市场而收回。因此，货币政策完全失去效果。在资本完全流动下，货币供给变成了一个内生变量，不再受货币政策的控制。

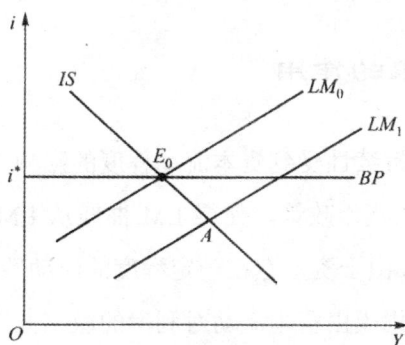

图 6-3 固定汇率制度、资本完全图 流动下的扩张性货币政策

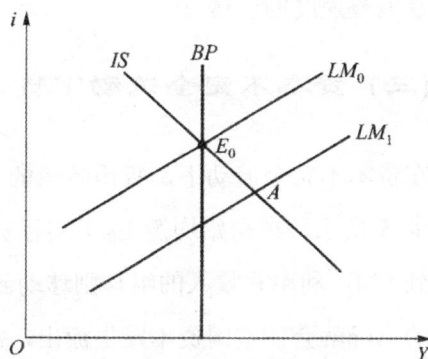

6-4 固定汇率制度、资本完全 不流动下的扩张性货币政策

(二) 资本完全不流动下货币政策的作用

根据"不可能三角"固定汇率制度和资本完全不流动下，货币政策具有独立

性。但是，我们还可以发现一个有趣的效果，这种货币政策的独立性仅仅在短期内生效，长期中货币政策仍然不起作用，即使在价格不变的情况下。如图 6-4 所示，令经济初始处于点 E_0 均衡点。扩张性的货币政策使得 LM 曲线从 LM_0 向 LM_1 移动。货币供给的上升降低了利率，低利率鼓励消费和投资，使收入上升。因此，经济沿着 IS 线从 E 点向 A 点移动。由于资本不流动，利率的下降不会产生本国资本的外流，因此，经济中不存在一种迅速的力量限制货币政策作用的发挥。

然而，我们发现，货币政策的作用对贸易活动产生了影响。扩张性的货币政策带来收入上升和利率下降，使得本国的进口需求上升，从而经常账户出现赤字。这种赤字会改变外汇市场，对本币产生贬值压力。为了稳定汇率水平，货币当局需出售外汇，回收本币。这会使得 LM 曲线向回移动。货币供给的下降，会抵消当初扩张性货币政策的效果。利率会上升，而收入会下降。这一过程将一直持续到国际收支再次实现平衡。此时货币供给将下降到初始值，LM 曲线也回复到初始位置。因此，长期来看，在固定汇率制度和资本完全不流动下，货币政策也无效。但是，我们看到，在货币政策效果逐渐消失的过程中，收入水平一直高于初始的收入水平，即扩张性货币政策在短期有效，而货币政策短期的效果大小取决于贸易调整速度的快慢。

（三）资本不完全流动下货币政策的作用

在资本不完全流动下，货币政策的效果和持续性受到资本流动程度的影响。如图 6-5 所示，在初始均衡 E_0 下实行扩张性的货币政策，使得 LM 曲线从 LM_0 移动到 LM_1。利率和收入的组合则移动到 A 点。由于资本存在一定程度的流动性，利率的下降就会使本国资本发生流出，流出的规模由资本流动对利率的敏感性决定。如果资本流动对利率敏感性很高，那么扩张性货币政策会立即引起大规模的资本流出，从而在外汇市场上，货币当局在短期内就将面临大规模的收回货币的要求。从而，货币供给增加被外汇市场的回收货币快速抵消，LM 曲线也将快速向初始位置回移。因此，当资本流动对利率弹性较高时，货币政策的效果就较低，但是，与资本完全流动相比，货币政策在比较短暂的时间还是对经济产生了效果。

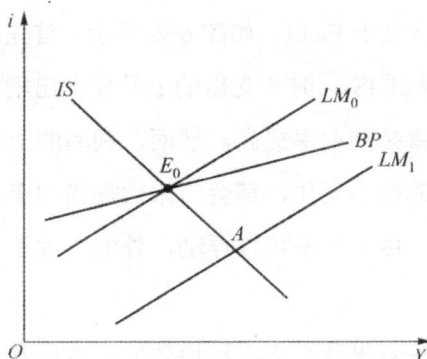

图6-5　固定汇率制度、资本不完全流动下的扩张性货币政策

如果资本流动对利率的敏感性较低，那么上述推动 LM 曲线向回移动的力量就比较弱。当国内利率水平下降时，由于资本流动对利率敏感性低，资本流出规模相应较小。因此，货币当局在外汇市场上对冲的压力就会较小，那么，货币回收速发降低，LM 曲线向同移动的速度下降。因此，资本流动对利率敏感性较低时，货币政策在短期内会发挥作用。

三、浮动汇率制度下的财政政策

同样的宏观经济政策在不同汇率制度下的效果存在非常大的差别。在资本自由流动条件下，与固定汇率制度下相反，浮动汇率制度下的财政政策将完全失效，而货币政策将变得有效。产生这种差别的主要原因是汇率对贸易的影响。在固定汇率制度下，贸易商品的相对价格无法改变，从而支出转换效应小起作用；而在浮动汇率制度下，汇率的变化直接改变贸易商品的相对价格，支出转换效应得到发挥，从而改变贸易状况，这是产生政策效果差异的关键。浮动汇率制度下的财政政策的效果，分资本完全流动、资本完全不流动和资本不完全流动 3 种情形。

（一）资本完全流动下财政政策的作用

浮动汇率制度和资本完全流动下，财政政策的效果将被汇率变动和资本流动完全抵消。假设初始经济处于 E_0 点，如图 6-6 所示。首先，扩张性的财政政策将推动，IS 曲线从 IS_0 右移到 IS_1，财政支出的上升使产出增加，收入上升。收入上升带来的货币需求增加将拉动利率提高，然而，利率的上升将吸引资本流入，由于资本完全流动，利率的微小变化，都会带来大规模的资本内流。这种资本流入改变了外汇市场的供求。由于汇率可以浮动，外汇供大于求的局面，使得外汇贬值，本币升值。

本币汇率变化的直接效果就是支出转换效应。本币升值使得进口需求下降，出口需求上升。如果马歇尔—勒纳条件成立，那么净出口出现下降。出口下降将引起 LM 曲线向左移动. 只要由 IS 曲线和 LM 曲线决定的利率水平仍然高于国外利率，资本流入将持续，那么本币升值将继续，升值带来的支出转换效应将继续使得 IS 需求向左移动。这一过程一到本国的利率水平与国外利率水平重新相等为止。在图中，IS 曲线将一直移到初始水平，IS_0 处，因此，在浮动汇率和资本完全流动下，财政政策完全失去了调控经济的效果。尽管财政活动无法拉动国内产出和收入的上升，但是它的一个直接结果是改变了国内的经济结构。扩张性的财政政策提高了汇率水平，并挤出了出口。

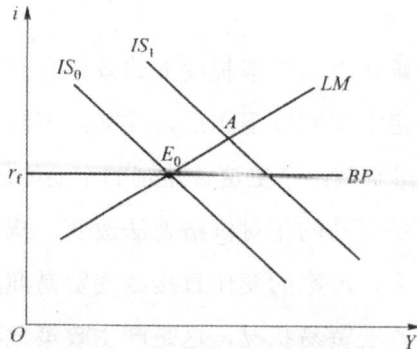

图 6-6　浮动汇率制度、资本完全
流动下的扩张性财政政策

(二) 资本完全不流动下财政政策的作用

浮动汇率制度，同时又是资本完全不流动的情况在实际中其实极少发生。一般来说，实行浮动汇率制度的国家，资本开放程度都比较高。而资本流动程度低，或者资本流动受管制的国家(尤其是发展中国家)，很少采用浮动汇率制度，更多地采用固定汇率制度、钉住汇率制度或者是有管理的浮动汇率制度。但是，从理论上来说，确实可以既实现浮动汇率，又进行资本管制，为了理论的完整性，我们简要分析这种情形下财政政策的作用。

假设经济初始位于 E_0 均衡点，如图 6-7 所示。扩张性的财政政策使得 IS 曲线从 IS_0 右移到 IS_1。收入和利率水平上升。由于没有资本流动，利率上升不会面临资本流入带来的升值压力。所以，短期内的财政政策能够刺激产出上升。但是，较高的收入水平将增加进口需求，出现贸易逆差。贸易逆差对本币将产生贬值压力。本币贬值一方面使 BP 曲线右移，另一方面使出口需求上升，推动巧曲线继续右移，最后，在 E_0 达到长期均衡。因此，在浮动汇率制度和资本完全流动情况下，财政政策无论在短期还是长期都将发挥非常明显作用。

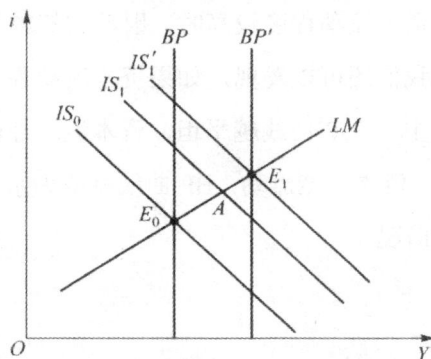

图 6-7　浮动汇率制度、资本完全
不流动下的扩张性财政政策

(三) 资本不完全流动下的财政政策

1. 资本流动程度较高下财政政策

资本流动程度较高时，财政政策变动引起的利率变化将对汇率产生明显的作用。这种汇率的调整会抵消财政政策的效果。如图 6-8 所示，经济初始处于 E_0

点。扩张性的财政政策推动巧曲线从 IS_0 右移到 IS_1 国内产出和收入上升，根据货币市场出清条件，利率将上升。然而，利率的上升将吸引资本流入，另外，在马歇尔—勒纳条件成立下，本币的升值带来贸易逆差。但是，资本流动程度较高，资本流入的效果要大于贸易逆差，结果使得外汇市场上外汇供大于求，本币升值。

本币升值产生两种效果。①本币升值使得 BP 曲线左移。这是本币升值，使得出口下降，进口上升，引起贸易逆差所致。因此，在相同的利率水平下，需要较低的收入使得进口下降，或者在相同收入水平下，需要较高的利率吸引更多的资金流入，以达到国际收支平衡；②本币升值使得 IS 曲线向左移动。升值引起的出口需求下降，直接影响国内总产出，而升值的支出转换效应使得本国私人部门转向进口产品，减少国内产品的需求，两者都使得国内收入水平下降。上述过程将持续到 IS、LM 和 BP 曲线重新相交为止。在途中，经济将在 E_0 点再次达到均衡。

因此，我们看到在资本流动程度较高时，财政政策的效果要被部分抵消，不再显得十分有效。并且我们还可以发现，如果资本流动程度提高，财政政策的效果就更降低。在图 6-8 中， BP 曲线越平坦，资本流动性就越高，财政政策效果就越弱。在极端情况下，资本完全流动，BP 曲线就成为水平线，财政政策完全失效。这就是上面分析的情况。

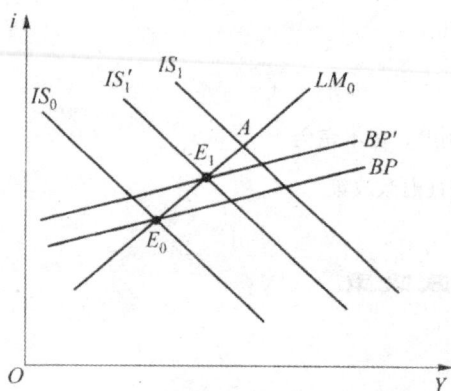

图 6-8　浮动汇率制度、资本流动程度
较高条件下的扩张性财政政策

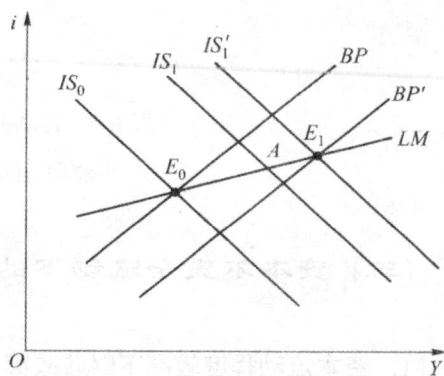

图 6-9　浮动汇率制度、资本流动程度
较低条件下的扩张性财政政策

2．资本流动程度较低下财政政策的作用

在资本流动程度较低时，财政政策效果正好与资本流动程度较高时相反，会得到一定程度地加强。如图 6-9 所示，扩张性财政政策首先使 IS 曲线从 IS_0 移动到 IS_1 收入和利率在财政推动下一起上升到 A 点的组合。收入上升增加了进口需求，使贸易出现逆差；同时，由于资本流动性较弱，利率的提高不足以吸引足够的资金流入。综合来看，国际收支出现逆差。外汇出现供不应求，本币将贬值。

本币贬值仍然有两个效果。①贬值使得 BP 曲线向右移动。因为，贬值使出口上升进口下降，给定利率下，需要更高的收入增加进口需求才能平衡国际收支；②贬值使得 IS 曲线向右移动。因为，贬值使国内外都增加对本国产品的需求，从而提高收入。只要继续存在国际收支赤字，贬值将继续，直到再次实现产品市场、货币市场和国际收支均衡。在图中就是均衡点 E_0。

四、浮动汇率制度下的货币政策

（一）资本完全流动下货币政策的作用

在资本完全流动下，货币政策效果十分明显。如图 9-10 所示，假设经济初始处于 E_0 点，扩张性的货币政策将 LM 曲线从 LM_0 向右推到 LM_1。货币的增发使得利率水平下降，而利率的下降增加了私人部门投资和消费支出，从而提高了产出和收入。经济沿 IS_0 曲线下移到 A 点，然而，利率的下降使得资本大规模流出，外汇市场供不应求，本币就会迅速贬值。本币贬值带来的支出转换效应使出口上升，进口下降。贸易的这种变化使国内私人部门和外国部门对本国产品的需求上升，从而推动 IS 曲线向右移动。IS 曲线的右移一方面提高了收入水平，另一方面缩小国内外利率的差异，缓解资本流出的压力。但是，只要利率仍然存在差异，资本流出将继续，那么贬值仍会继续，贬值带来的需求继续增加。IS 曲线继续向右移动，这一过程直到国内外利率再次达到一致。在图 6-10 中，经济将在新的均

衡 E_0 点稳定下来。

上述分析发现，在这种环境下，货币政策效果要比封闭经济还要明显。封闭经济下，扩张性货币政策使经济扩张到 A 点。比较收入水平发现，开放经济的收入水平要比封闭经济的还高。这种差异的根源是资本流动引起的货币贬值，这在封闭经济中是不存在的。贬值带来的支出转换效应带来了更多的需求，从而继续推动收入上升。另外，与封闭经济相比，需求的结构也存在差别。由于 E_1 点的利率要比 A 点高，因此，开放经济中投资水平低于封闭经济，但是消费需求和贸易成为拉动经济的重要动力，消费需求的上升来源于引致的高收入水平，而贸易提高不仅来源于收入提高，还来源于贬值带来的支出转移效应。

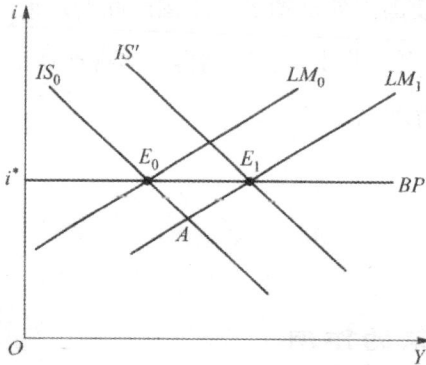

图 6-10　浮动汇率制度、资本完全流动
条件下的扩张性货币政策

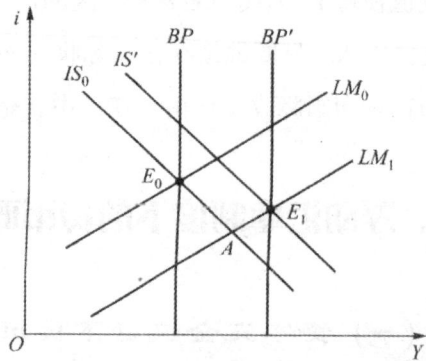

图 6-11　浮动汇率制度、资本完全不
流动条件下的扩张性货币政策

（二）资本完全不流动下的货币政策

尽管同时采用资本控制和浮动汇率制度的国家十分罕见，但是，为了理论的完整性，我们对此种情形下货币政策的作用仍然作一定地分析。如图 6-11 所示，经济处于初始均衡 E_0 点，扩张性的货币政策将 LM 曲线右推到 LM_1。利率的下降增加了私人部门的消费和投资，提高了产出和收入水平，经济运行到 A 点。但是，A 点的收入水平高于国际收支保持平衡时的收入水平，因此进口需求将大于出口，

导致国际收支逆差。外汇市场出现供不应求局面，汇率对此作出反应，本币贬值。本币贬值的支出转换效应同时对 BP 曲线和 IS 曲线产生作用，推动两条曲线向右移动。最终在 E_0 点达到均衡。此时，长期均衡下，收入水平要高于初始水平，利率水平则低于初始水平。

上述分析表明，在浮动汇率制度下，货币政策在不同资本流动状况下的效果都具有显著的效果。考虑到资本流动和贸易调整的差异，货币政策在资本完全流动下的效果在短期内更加明显。资本流动与否对于收入、利率和汇率的影响是不同的。从开放经济的视角来看，一个重要的货币传导机制是通过汇率的变化改变贸易来刺激经济。扩张性的货币政策使得本币贬值，鼓励出口、抑制进口、增加净出口，从而拉动产出和收入上升。然而，资本流动程度大小影响这一机制的发挥，资本完全流动下汇率的贬值幅度会比资本不流动时更大。假设资本从完全不流动变为完全流动，在资本完全不流动时，扩张性的货币政策使本币贬值和利率下降；经济变到资本完全流动时，初始利率水平小于国外利率。因此，资本将继续流出，本币会进一步贬值，直到国内利率上升到国外利率水平为止。资本完全流动下，本币贬值幅度大于资本完全不流动的特点，使得支出转换效应在资本完全流动时大于资本完全不流动时。所以，资本完全流动时的扩张性货币政策刺激经济的效果要大于资本完全不流动时的效果。

（三）资本不完全流动下货币政策的作用

在浮动汇率制度和资本不完全流动下，货币政策仍然有效。而货币政策对利率和汇率的影响程度也受资本流动程度的影响。资本完全流动与完全不流动两种极端情形的比较可以推论出，资本流动程度越高，货币政策的效果越明显。下面我们考虑一种资本不完全流动的情形。

假设初始经济处于均衡点 E_0，如图 6-12 所示，扩张性的货币政策使得 LM 曲线从 LM_0 右移到 LM_1，货币供给大于需求促使利率下降，从而提高国内私人部门的需求，推动国内产出和收入上升。同时利率的下降，使得资本向外流动，引起本币贬值。贬值带来的净出口的上升同时引起 IS 曲线和 BP 曲线向右移动，直到两条曲线再次与 LM 曲线相交于一点为止。图中新的均衡点为 E_1，新的均衡点与初始均衡比较，收入上升，利率下降，本币贬值。

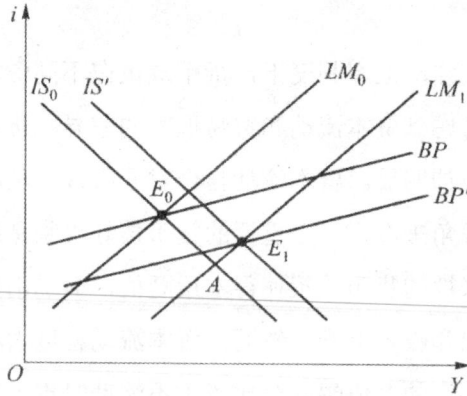

图 6-12　浮动汇率制度和资本不完全流动条件下的扩张性货币政策

资本流动程度的高低对货币政策效果有重要的影响。资本流动程度较低时，货币政策仍然能够影响利率水平。扩张性的货币政策会降低利率，然而随着资本流动性增强，货币政策对利率的影响越来越小。这种影响主要是资本流动规模增加所致。资本流动规模的上升带来外汇市场供求的变化幅度更大，导致汇率的变化上升。因此，扩张性货币政策下，资本流动程度越高，利率下降越小，本币变化幅度越大，而汇率变化带来的国外需求的上升使得产出和收入也越高。

第三节　金融市场的监管

一、金融监管的意义和依据

金融监管的理论基础是金融市场的不完全性，金融市场的失灵导致政府有必要对金融机构和市场体系进行外部监管。现代经济学的发展，尤其是"市场失灵理论"和"信息经济学"的发展为金融监管奠定了理论基础。其主要内容如下：

(一) 金融市场监管的意义

金融监管可以有效地控制金融风险，维护金融系统的稳定。它是根据市场需要展开实施的，主要是采取法律手段和经济手段对金融业实施监督和管理，监管不能太松或太紧，必须在金融监管效率和维护公平之间寻找均衡点，并且随着经济体制的不断改革以及金融市场化、自由化进程的发展，金融监管要做到更加完善和法制化。

金融市场是国民经济运行的重要枢纽。世界各国的发展证明，缺乏监督和管理的金融市场不仅效率十分低下，而且可能酿成金融危机，对国民经济产生严重破坏。因此，必须对金融市场实施监管，尤其是在经济全球化、金融国际化趋势加快发展的今天，加强金融市场监管具有重大的现实意义。

1. 保护投资者权益

投资者是金融市场的支撑者，他们涉足金融市场是以获取某项收益为前提的，而金融市场同时具有高风险的特点，为了保护投资者的合法权益，必须坚持"公开、公平、公正"的原则，加强对金融市场的监管，只有这样，才便于投资者充分了解金融产品发行人的资信、价值和风险状况，从而使投资者能够较正确地选择投资对象。

2. 维护金融市场秩序

金融市场存在蓄意欺诈、信息披露不完全与不及时、操纵股价、内幕交易等弊端。为此，必须对金融市场活动进行监管，对非法金融市场交易活动进行严厉查处，以保护正当交易，维护金融市场的正常秩序。

3. 健全金融市场体系

金融市场具有充当资本供求双方之间桥梁、发挥融资媒介的基本功能，同时具有优化资源配置等多种功能，通过金融市场的监管，完善与健全市场体系，促进其功能的发挥，有利于稳定金融市场，增强社会投资信心，促进资本合理流动，从而增进社会福利。

4. 提高金融市场效率

及时、准确、可靠、全面的信息是金融市场参与者进行发行与交易决策的重要依据，因此，一个发达的高效率的金融市场必须是一个信息通畅的市场，它既要有现代化的信息通讯设备系统，又必须有一个组织严密科学的信息网络机构，必须有一整套收集、分析、交换信息的制度、技术和相应的管理人员，而这些只有通过国家的统一组织和管理才能实现。

(二) 金融监管的依据

1. 金融市场的外部效应

金融机构的破产倒闭及其连锁反应将通过货币信用紧缩破坏经济增长的基础。金融机构不同于普通企业，若金融机构发生问题，则损失的不只是金融机构的所有者，而且涉及成千上万的企业和居民。某些人获得了利益却没有承担相应的责任，而另一些人分担了成本却没有能够享有应得利益。金融风险也具有传染性，即一家金融机构的问题可能会导致另一家或多家金融机构发生同样的问题。

2. 个体理性与集体理性的冲突

考虑社会成本，单个金融机构追求利润最大化的理性行为可能是非理性的。单个金融机构追求利润最大化和风险最小化，可能导致金融资源集中流向风险较小和利润较高的产业，不同产业的经济主体不能具有取得信贷资金的平等机会，不能保证各个产业均衡发展和国民经济的稳定增长。金融体系的自由配置资源的低效率，需要政府通过一定的监管手段加以调整。

3. 金融垄断

金融机构是经营货币的特殊企业，它所提供的产品和服务的特性决定其不完全适用于一般工商业的自由竞争原则。一方面，金融机构规模经济的特点使金融机构的自由竞争很容易发展成为高度的集中垄断，而金融业的高度集中垄断不仅在效率和消费者福利方面会带来损失，而且也将产生其他经济和政治上的不利影响；另一方面，自由竞争的结果是优胜劣汰，而金融机构激烈的同业竞争将危及整个经济体系的稳定。因此，自从自由银行制度崩溃之后，金融监管的一个主要使命就是如何在维持金融体系的效率的同时，保证整个体系的相对稳定和安全。

4. 金融信息不对称

信息经济学认为造成市场价格扭曲的最重要原因是信息不对称性。金融体系中更加突出的信息不完备和不对称现象导致即使主观上愿意稳健经营的金融机构也有可能随时因信息问题而陷入困境，然而，金融机构又往往难以承受搜集和处理信息的高昂成本，因此，政府及金融监管当局就有责任采取必要的措施减少金融体系中的信息不完备和信息不对称现象。

二、金融监管的组织机构

(一) 中国人民银行

中国人民银行是中国的中央银行，是在国务院领导下，制定和实施的货币政策，发行人民币、管理人民币流通，对金融业实施监督管理的国家机关。

1. 制定和执行货币政策

这是中央银行作为国家宏观经济调控部门的集中体，中央银行根据社会经济发展的总体要求和经济、金融运行状况，运用国家法律授权，制定和执行货币政策和其他金融政策，按经济、社会发展的客观需要提供相应的货币供给，创造信用流通工具，并运用各种方式调控货币供应量和社会信用总量以及与货币和信用有关的各种经济活动，为经济与社会发展提供良好的金融条件与环境。货币政策是现代经济条件下国家调控宏观经济最重要的基本经济政策之一，目前世界各国均对此十分重视。

2．对金融市场实施监督管理

金融是现代经济的核心，国家对金融的管理主要是通过对金融市场的管理来实现的。中央银行根据国家授权以及自身在金融体系中的地位，依法对金融市场实施监督管理。

3．组织、参与和管理支付清算

统一、安全、高效的支付清算体系对于维护金融机构稳健运行、促进金融市场发展和保障货币政策实施具有相当重要的意义，也是国民经济健康运行的重要保证。

目前，中国的金融监管模式属于分业监管，由中国银监会、证监会、保监会3个监管机构各司其职、分工合作，共同承担金融业的监管责任。

（二）中国银行业监督委员会

中国银行业监督管理委员会(简称银监会)自 2003 年 4 月 28 日起正式履行职责，是国务院直属事业机构。根据授权，银监会统一监督管理银行、金融资产管理公司、信托投资公司以及其他存款类金融机构，维护银行业的合法、稳健运行。

1．银监会的主要职能

(1) 依照法律、行政法规制定并发布对银行业金融机构及其业务活动监督管理的规章、规则。

(2) 依照法律、行政法规规定的条件和程序，审查批准银行业金融机构的设立、变更、终止以及业务范围。

(3) 对银行业金融机构的董事和高级管理人员实行任职资格管理。

(4) 依照法律、行政法规制定银行业金融机构的审慎经营规则。

(5) 对银行业金融机构的业务活动及其风险状况进行非现场监管，建立银行业金融机构监督管理信息系统，分析、评价银行业金融机构的风险状况。

(6) 对银行业金融机构的业务活动及其风险状况进行现场检查，制定现场检查程序，规范现场检查行为。

(7) 对银行业金融机构实行并表监督管理。

(8) 会同有关部门建立银行业突发事件处置制度，制定银行业突发事件处置预案，明确处置机构和人员及其职责、处置措施和处置程序，及时、有效地处置银行业突发事件。

(9) 负责统一编制全国银行业金融机构的统计数据、报表，并按照国家有关规定予以公布；对银行业自律组织的活动进行指导和监督。

(10) 开展与银行业监督管理有关的国际交流、合作活动。

(11) 对已经或者可能发生信用危机、严重影响存款人和其他客户合法权益的银行业金融机构实行接管或者促成机构重组。

(12) 对有违法经营、经营管理不善等情形的银行业金融机构予以撤销。

(13) 对涉嫌金融违法的银行业金融机构及其工作人员以及关联行为人的账户予以查询；对涉嫌转移或者隐匿违法资金的申请司法机关予以冻结。

(14) 对擅自设立银行业金融机构或非法从事银行业金融机构业务活动予以取缔。

(15) 负责国有重点银行业金融机构监事会的日常管理工作。

(16) 承办国务院交办的其他事项。

2．银监会的组织体系

(1) 内部职能部门。中国银监会设置的部门有办公厅、政策法规部(研究局)、银行监管一部、银行监管二部、银行监管三部、非银行金融机构监管部、合作金融机构监管部、统计部、财务会计部、国际部、监察部、人事部、宣传工作部、群众工作部和监事会工作部；另设信息中心、培训中心和机关服务中心 3 个事业单位。

(2) 分支机构。中国银监会在省(自治区、直辖市)设立银监局，地(州、市)设立分局，根据监管工作需要，在县(县级市)设立精干的办事机构。中国银监会对设在地方的派出机构实行垂直管理。

(三) 中国证券业监督委员会

1. 证监会的主要职能

中国证券监督管理委员会(简称中国证监会)是全国证券、期货市场的主管部门，按照国务院授权履行行政管理职能，依照法律、法规对全国证券、期货业进行集中统一监管。中国证监会负责证券公司设立、变更、终止事项的审批，依法履行对证券公司的监督管理职责。

(1) 对证券经营机构设立、变更和终止的实行监管。

(2) 对证券从业人员实施管理。《证券公司管理办法》第三章专门对证券从业人员管理进行了具体规定，证券公司从业人员从事证券业务必须取得相应的证券从业资格。中国证监会按照规定对证券公司高级管理人员实行任职资格管理。

(3) 对证券经营机构实施日常监管和检查。

2. 证监会的组织体系

(1) 内部职能部门。根据国务院和中央机构编制委员会办公室的有关文件规定，中国证监会设有 13 个职能部门：办公厅、发行监管部、市场监管部、机构监管部、上市公司监管部、基金监管部、期货监管部、稽查局(首席稽查办公室)、法律部(首席律师办公室)、会计部(首席会计师办公室)、政策研究室、国际合作部、人事教育部。

(2) 派出机构。中国证监会在天津等 9 个中心城市设立了证券监管办公室，在北京、重庆两个直辖市设立直属证券监管办事处(正局级)，在其余省会城市设立证券监管特派员办事处，分别负责各自行政区域内的证券监管工作。

3. 证监会监管的主要内容

(1) 证券和期货经营机构监管。包括证券交易所和期货交易所的管理、证券公司和期货公司的管理、证券交易网点和期货交易网点的管理、证券交易所和期货交易所行为的管理以及证券公司和期货公司及其网点行为的管理。

(2) 证券发行监管。有价证券经国务院证券监督管理机构或国务院授权的部门核准或审批，即可发行、流通、买卖、转让，成为证券市场经营的对象，所以监管证券市场首先要管好证券发行。

(3) 证券交易和期货交易监管。证券和期货上市与公开交易的审核程序是，在全国证券交易所和期货交易所上市的股票、基金券、企业债券等证券和期货交易品种，首先要经中国证监会批准，然后由证券交易所发行审核委员会批报中国证监会备案，方可上市交易。目前我国股票上市交易和期货交易仅限于证券交易所，不允许地方性的证券交易中心、证券经纪机构柜台进行股票和期货交易。同时，坚决取缔证券黑市交易。

4．证监会监管的体制特征

中国现行证券市场监管休制属于集中型监管体制，具有集中型监管体制的基本特点：

(1) 基本上建立了证券市场监管的法律法规框架体系，但是这一体系尚不完善。

(2) 中国设立有全国性的证券监管机构，负责监督、管理全国证券市场。目前，中国证券监管机构是以国务院下属的中国证券监督管理委员会为主体，包括中国人民银行和财政部、国家计委、国家体改委、地方政府及有关部委、地方证券监管部门共同组成的一个有机体系。

(3)从 1997 年开始，证券交易所直接归中国证监会领导，强化了证券市场监管的集中性和国家证券主管机构监管权力。

(四) 中国保险业监督委员会

中国保险监督管理委员会(简称中国保监会)于 1998 年 11 月 18 日成立，是全国商业保险的主管部门，为国务院直属正部级事业单位，根据国务院授权履行行政管理职能，依照法律、法规统一监督管理全国保险市场。

1．保监会的组织体系

(1) 内部职能部门

根据国务院和中央机构编制委员会办公室的有关文件规定，中国保监会设有办公室、政策法规部、财务会计部、财产保险监管部、人身保险监管部、保险中介监管部、国际部、人事教育部、机关党委、纪检监察室 10 个职能部门。另外，还设有党委工作机构设党委办公室、组织部、宣传部、纪委办公室，分别与办公室、人事教育部、机关党委和监察室合署办公。

(2) 派出机构

中国保监会在天津等 9 个中心城市设立了保险监管办公室(正局级)，在北京、重庆两个直辖市设立直属保险监管办事处(正局级)，在其余 21 个省会城市设立保险监管特派员办事处(副局级)。目前，除拉萨以外的 31 个派出机构均已正式成立，分别负责各自行政区域内的保险监管工作。西藏自治区的保险监管工作暂时由成都保监办代管。

三、金融监管措施

(一) 对国有商业银行的监管

1．全面开展贷款质量分类管理工作

2001 年 12 月，中国人民银行下发《关于全面推行贷款质量五级分类管理的通知》，并公布《贷款风险分类指导原则》。自 2002 年起，全国各类商业银行全面施行贷款质量五级分类管理。目前，国有商业银行已基本建立贷款质量分类管理制度并拟定了实施细则，将贷款质量五级分类纳入日常信贷管理，并按季向中国人民银行提交报告贷款质量分类结果。

2．综合考评经营业绩

对国有商业银行实行综合考评制度，促其积极推行审慎会计制度和信息披露制度，提高资本充足率，降低不良贷款比率。

3．继续加强现场检查

中国银监会定期对国有商业银行进行了一系列现场检查。2005 年，中国银监

会对国有商业银行的现场检查影响比较大，其中主要检查单笔大额不良贷款、贷款余额大、占比高的不良贷款、可疑类贷款实际损失情况、损失类贷款原因以及内部控制制度建设及执行情况进行检查等项目进行检查。

（二）对中小商业银行的监管

1．改善公司治理

制定并颁布《股份制商业银行公司治理指引》和《股份制商业银行独立董事、外部监事制度指引》，督促股份制商业银行建立良好的公司治理结构，形成科学有效的决策机制、约束机制和激励机制，实现稳健经营和可持续发展。指导、督促城市商业银行逐步规范公司治理结构，推行对城市商业银行董事长、行长等高级管理人员履行职责情况及经营管理业绩进行年度考核制度。

2．加强内部控制

通过现场检查，督促中小商业银行强化内部控制，建立风险防范机制。对股份制商业银行内部控制状况进行现场检查，检查内容主要包括内控的基本框架、授信业务、中间业务、资金业务、会计业务和计算机管理等；对城市商业银行公司治理、内部控制、资产质量、高级管理人员履职情况进行现场检查，提出明确的整改要求，并向当地政府通报有关情况。督促城市商业银行全面推行支行行长(副行长)轮岗制度，90%以上的城市商业银行都完成了此项工作。

3．推行分类制度

结合对股份制商业银行资产质量专项检查，督促股份制商业银行全面推行贷款质量五级分类制度。重点检查贷款风险分类标准、分类程序以及对贷款五级分类的定期评估情况；对表外授信业务的风险分类办法及执行情况；抵债资产、长期投资、拆出资金等非信贷资产风险状况，按照"一行一策，分类监管"的原则，采取多种措施，督促各城市商业银行加大不良资产处置力度，降低不良资产存量；强化内部管理尤其是信贷管理，防止出现新的信贷风险。

4．加强资本金管理

根据《巴塞尔新资本协议》的要求，加强对中小商业银行资本金管理，鼓励中小商业银行通过多种渠道筹集资本金，逐步建立资本金补充机制；积极支持、引导和规范中小商业银行吸引外资和民间资本改善股本结构，引人先进的管理体制和经营机制，全面提高市场竞争能力。

5．清理整顿邮政储蓄机构

历史上，中国邮政储蓄在筹集资金支持国民经济建设方面曾起过积极的作用。但是，多年来由于监管工作不到位，致使多数邮政储蓄机构存在一定程度的违规行为。中国人民银行曾对邮政储蓄机构违规行为进行了全面检查，发现的问题主要包括高息揽储、违规设立网点、公款私存、恶意从中国人民银行汇兑账户透支转储等。

（三）对非银行金融机构的监管

中国银监会在不断加强日常监管工作的同时，鼓励非银行金融机构稳健发展。

1．制定规章制度，加强金融监管

修改并颁布了《信托投资公司管理办法》和《信托投资公司资金信托业务管理暂行办法》，要求信托投资公司在开展信托业务时，自觉遵守《信托法》和《信托投资公司管理办法》等法规，把对委托人和受托人的诚信义务放在首要位置。

2．加强现场检查和非现场监管

对任期满 2 年的高级管理人员任职资格进行全面考核；对企业集团财务公司、金融租赁公司的法人治理结构和整改落实情况进行全面检查；加强对货币经纪公司、财务公司和信用卡公司等 3 类外资非银行金融机构驻华代表处的监管工作；对全国外资非银行金融机构驻华代表处进行全面检查，并针对检查中发现的问题提出整改意见。

3．加强整顿和规范工作

一是根据信托整顿工作的部署和要求，及时出台了各种政策措施，指导信托投资公司的重新登记工作；二是按照《企业集团财务公司管理办法》和《金融租赁公司管理办法》(统称《管理办法》)的要求，督促不符合《管理办法》规定的企业集团财务公司、金融租赁公司清理违规业务、调整业务范围以及增资扩股。

4. 积极处置高风险机构

金融监管部门与国家有关部委和地方政府密切配合，采取措施化解非银行金融机构的风险。以 2002 年为例，当年撤销了重庆四联财务公司和中国华诚财务公司两家严重违规经营的企业集团财务公司；对已停业整顿的海南省的 5 家高风险金融租赁机构实施个人债务确认、兑付工作和资产清收工作，消除了金融风险隐患，维护了社会稳定。

(四) 对城乡信用社的监管

1. 明确监管重点，加大监管力度

对全国农村信用社的监管工作围绕不良贷款余额和占比双下降、充实资本金、高风险社数量减少、超比例单户大额贷款压缩等主要内容进行，制定切实可行的措施，保证各项监管工作顺利进行。及时制定出台了《关于城市信用社合并重组的指导意见》《关于对撼市信用社进一步加强监管、规范发展有关问题的通知》，加强了对单一法人社的监管，规范其组建和经营管理。

2. 加大现场检查力度

针对农村信用社的具体特点，按照"区别对待，分类指导"的原则，围绕农村信用社经营管理中存在的突出问题，组织开展一系列专项检查。加强对农村信用社信贷管理的现场检查，全面了解农村信用社运用信贷政策、内部贷款管理制度的建立和执行、贷款责任制落实以及贷款质量等方面的情况。对检查中发现的违规债券投资形成重大风险和损失的问题，进行严肃处理。从审批程序、发放手续、风险状况等方面检查农村信用社的单户大额贷款，有效遏制违规放款势头。结合农村信用社改革试点工作，组织开展对农村信用社市(地)联社和省级联社高

级管理人员傣法合规履行职责情况的检查，对不称职的高级管理人员按规定进行调整。

3. 重视高风险城乡信用社的风险处置工作

合理使用中央专项借款和中国人民银行专项再贷款，有效化解金融风险。全面调查经营风险较大、经营状况持续低下、不良贷款特别是"两呆"贷款占比高、亏损额居高不下的地区农村信用社，有针对性地研究防范和化解风险的措施。对高风险农村信用社比较集中的省份，由当地中国人民银行配合地方政府制订风险处置整体方案。对严重资不抵债、无法救助的高风险农村信用社，继续通过采取兼并、降格和其他有效处置方式，切实防范和化解风险。制定《城市信用社撤销清算指导意见》，在全面清产核资、基本摸清风险底数的基础上，立足整顿，分类指导，通过保留、更名改制、合并重组、商业银行收购(收回)、组建城市商业银行、撤销等多种方式，防范、化解和处置城市信用社风险。

4. 对证券、保险市场的监管

近年来，中国证监会不断强化各项现场监管和非现场监管措施，切实加强持续监管，积极推动各项市场基础性建设，有力地促进了各市场主体的规范化运作水平。

(1) 按照建立现代企业制度的要求，督促各市场主体完善法人治理结构。通过出台实施《上市公司章程指引》《上市公司治理准则》《上市公司信息披露管理规定》等规定，来督促上市公司不断完善法人治理结构。

(2) 以高管人员监管为重点，推动证券市场诚信建设。为有效防范道德风险，加强诚信建设，适时制定出台了《证券经营机构高级管理人员资格管理办法》和期货公司高级管理人员任职资格核准的有关规定，切实加强了对证券期货高管人员任职资格的管理。通过严格资格审查，加强持续监管，强化后续教育，实行风险警示，初步建立了对证券期货经营机构高管人员的持续、动态监管体系。

(3) 积极推进证券期货经营机构保证金存管方式改革，确保客户资产安全。通过综合利用非现场的保证金监管系统、现场检查、专项检查等方式，加强对证券经营机构客户保证金的实时监控，严格防范，杜绝挪用客户保证金。

在保险业监管方面，(1)保险监管理念不断创新。党的十六大以来，中国保监会结合我国保险业实际，积极探索具有时代特点和中国特色的保险发展道路，对我国保险业如何定位、怎样发展、有何功能等基本问题有了更加深刻的认识。我国保险业仍处于发展初级阶段，保险业的主要矛盾是发展水平与国民经济、社会发展和人民生活的需求不相适应，因此，要从现代保险具有经济补偿、资金融通和社会管理功能出发，全方位、多层次、宽领域地挖掘发展保险业的潜力，拓宽保险业发展空间。

(2) 切实防范化解风险。针对保险市场存在的风险隐患和问题，保监会加强了防范化解风险方面的制度建设和监管工作。把偿付能力监管作为改善监管和防范风险的关键环节，不断加强偿付能力监管制度建设，《保险公司偿付能力额度及监管指标管理规定》等法规的出台，标志着中国初步建立了偿付能力监管制度框架，在偿付能力监管方面迈出实质性步伐。加强资金运用监管，《保险资产管理公司管理暂行规定》和《保险资金运用风险控制指引》等文件的出台，进一步加大了对保险资金运用监管的力度，确保了保险资金运用的安全性、流动性和效益性。

(3) 监管法规逐步健全完善。为适应中国加入世界贸易组织的需要，2002 年，全国人大常委会对 1995 年颁布的《保险法》进行了修订。与此同时，保监会积极抓紧修改、制定与新《保险法》相配套的一系列法规规章，为规范保险经营活动、保护被保险人利益、促进保险业的健康发展提供了法律法规依据。中国保监会先后制定实施了《财产保险公司分支机构监管指标》《人身保险新型产品精算规定》等文件，规范了保险产品和业务的发展。

(4) 保险监管方式不断改进。通过健全信息披露制度，及时公布政策法规、重大监管举措、行政审批事项和保险业统计数据，提高了监管的透明度，增强了社会公众对保险业的了解。在日常监管中，监管部门鼓励保险公司进行产品、销售和服务创新，不断发掘和培育新的业务增长点，加强风险管理服务，把服务渗透到保险消费的各个环节，丰富保险服务的内涵，促进我国保险业加快发展。通过与银行、证券监管机构以及同中央银行、财政等部门的协调沟通，加强对金融市场的协调监管，提高保险监管实效，为保险业创造良好的宏观环境。进一步明确了保险行业协会在市场经济条件和保险业快速发展的新形势下的职能定位，在部分市场行为的自律方面取得了较好效果。

第七章 国际区域经济一体化发展

第一节 区域经济一体化的产生与发展

作为当今国际贸易的重要趋势之一，区域经济一体化成为各国贸易发展的重要推动力。在区域经济一体化的发展初期，政治因素的考虑超越了经济因素。自冷战结束后，国际贸易跨越式的发展使各国逐渐认识到国与国之间经济合作的重要性。从 WTO 的统计来看，区域经济一体化的发展可以分为 4 个阶段，下面分别叙述。

一、区域经济一体化的进程

(一) 1972 年以前：萌生与初步发展阶段

1949—1972 年，区域经济一体化处于萌芽和初步发展的阶段。这个阶段区域经济一体化协议的主要目的是政治方面的，经济方面则居于次要地位。

这个阶段区域经济一体化的发展因为冷战的因素总体上可以划分为两大阵营，分别是以苏联为首的社会主义国家参与的区域经济组织和以美国为首的西方国家共同体阵营。经济互助委员会的目的是在社会主义国家之间加强和完善经济和科技合作与发展社会主义一体化，并且规定在 15~20 年内分阶段实现生产、科技、外贸和货币金融的一体化。在其成立初期，只有 6 个国家参与，分别是苏联、保加利亚、匈牙利、波兰、罗马尼亚和捷克斯洛伐克。后来，阿尔巴尼亚、民主德国、蒙古、古巴、越南先后加入，中国、朝鲜、老挝、安哥拉、埃塞俄比亚、阿富汗、也门民主人民共和国、莫桑比克等国也一度作为观察员参与活动。

1951 年，西方国家共同体阵营签署了《欧洲煤钢共同体条约》，为 1958 年的欧洲经济共同体的诞生做了铺垫。这个条约主要考虑了欧洲的安全因素，规定了当时主要的生产要素——煤炭和钢铁的贸易，对其生产、流通和分配过程实行干预。至 1958 年，欧洲经济共同体在此基础上正式启动，发展经济已经成为共同体国家的共识。

(二) 1973—1991 年：平稳发展阶段

欧洲经济共同体随着欧洲经济的复兴逐步扩大，英国、丹麦、爱尔兰、希腊、葡萄牙和西班牙先后加入，欧洲经济共同体国家的外贸政策和农业政策也获得统一，创立了欧洲货币体系。

在欧洲经济共同体和经济互助委员会的影响下，发展中国家的区域经济一体化也进一步发展。发展中国家先后建立了拉美自由贸易区、加勒比共同体、西非国家经济共同体、南部非洲发展协调会议、海湾合作委员会、拉美一体化协会、阿拉伯合作委员会、南方共同市场、智利—墨西哥自由贸易协定和非洲经济共同体等。

在这一历史时期，各组织的目标逐渐由政治与安全转化经济发展，发展经济已经逐渐成为各国的共识。

(三) 1992—2000 年：蓬勃发展阶段

在这个阶段，因为冷战的结束，区域经济一体化打破政治上意识形态的壁垒，走向了更加深入地发展。

这个时期标志性的事件就是《马斯特里赫特条约》获得通过，为欧盟的诞生奠定了政治基础。此后，欧盟加大了扩张进程，1995 年奥地利、瑞典和芬兰加入了欧盟，使 EC 成员国扩大到 15 个。

在东南亚，东南亚国家联盟获得进一步发展并率先发起区域合作进程，在 1992

年东盟自由贸易区成立，东南亚区域以东盟为中心的一系列区域合作机制形成。

其他发展中国家的区域贸易安排协定也开始进一步发展。中美洲自由贸易区、泛阿拉伯自由贸易区分别与 1993 年和 1998 年相继建立。非洲最大的区域贸易安排协定南部非洲发展共同体于 2000 年成立。

这个时间，发展中国家与发达国家的区域贸易协定也开始发展，主要事件则是墨西哥同美国和加拿大签订了北美自由贸易协定。

(四) 2001 年至今：区域经济一体化深入发展

这个时期最重要的事件则是中国于 2001 年加入世界贸易组织，开始以世界贸易组织成员国的身份参与区域贸易安排协定。2001 年 5 月，中国正式成为《曼谷协定》(后改为《亚太贸易协定》)成员。同年 11 月，中国与东盟签订《中国—东盟经济合作框架协议》。此后，中国也逐渐以大国的身份组织安排区域贸易一体化协议，著名的有上海经济合作组织。关于这一点，在本章的第五节还将继续深入讨论。

2004 年，欧盟加速了东扩进程，塞浦路斯、匈牙利、捷克、爱沙尼亚、拉脱维亚、立陶宛、马耳他、波兰、斯洛伐克和斯洛文尼亚 10 个中东欧国家加入欧盟，使欧盟成员国增加到 25 个。2007 年 1 月，罗马尼亚、保加利亚加入欧盟。2007 年 10 月 18 日，欧盟 27 个成员国的首脑在葡萄牙首都里斯本就《里斯本条约》的文本内容达成共识。

二、区域经济一体化的主要形式

经济一体化的形式根据不同标准可分为不同类别。美国著名经济学家巴拉萨把经济一体化的进程分为 4 个阶段：①贸易一体化，即取消对商品流动的限制；②要素一体化，即实行生产要素的自由流动；③政策一体化，即在集团内达到国家经济政策的协调一致；④完全一体化，即所有政策的全面统一。与这 4 个阶段相对应，经济一体化组织可以根据市场融合的程度，分为以下 6 类：

（一）优惠贸易安排

在成员国间，通过协定或其他形式，对全部商品或一部分商品给予特别的关税优惠，这是经济一体化中最低级和最松散的一种形式，典型的有 1932 年英国与一些大英帝国以前的殖民地国家之间实行的英联邦特惠制。

（二）自由贸易区

由签订有自由贸易协定的国家组成一个贸易区，在区内各成员国之间废除关税和其他贸易壁垒，实现区内商品的完全自由流动，但每个成员国仍保留对非成员国的原有壁垒。

（三）关税同盟

成员国之间完全取消关税或其他壁垒，同时协调其相互之间的贸易政策，建立对外的统一关税。这在自由贸易区的基础上又更进了一步，开始带有超国家的性质，典型的有欧洲经济共同体。

（四）共同市场

成员国在关税同盟的基础上进一步消除对生产要素流动的限制，使成员国之间不仅实现贸易自由化，而且实现技术、资本、劳动力等生产要素的自由流动，典型的有欧洲统一市场。

（五）经济同盟

在共同市场的基础上又进了一步，成员国之间不但实现商品和生产要素的自由流动，建立起对外的共同关税，而且制定和执行某些共同经济政策和社会政策，逐步废除政策方面的差异，形成一个庞大的经济实体，典型的有目前的欧洲联盟。

(六) 完全经济一体化

完全经济一体化是经济一体化的最高阶段。成员国在经济、金融、财政等政策上完全统一，在国家经济决策中采取同一立场，区域内商品、资本、人员等完全自由流动，使用共同货币。

经济一体化是关于成员间贸易壁垒的撤除和各种合作互助关系的建立。贸易壁垒的撤除被称为一体化中"消极"的一面，合作关系的建立则被称为"积极的"一面，因为合作的建立往往要求参加者改变现有的制度或机构，或建立新的制度和机构以使一体化地区的市场能适当而有效率地运转。在一体化的各种形式中，较初级的形式，如自由贸易区等主要是消极的一面，而较高级的形式，如经济同盟等则更充分地体现了积极的一面。消极的形式比较易于达到，因为消除关税和数量限制易于做到，特别是在经过长期的多边贸易谈判后许多国家的关税水平本来就已经很低。积极的形式不易做到，因为它要求采取某种形式的共同行动，而且要求在关税以外的领域合作，而金融、货币和雇佣等方面的合作往往涉及国家主权的协调等更深一层次的问题。但对一体化的形式的划分只能是大体上的，实际上每个组织都不可能是标准的某种形式。

除以上分类外，近年还有学者根据成员国构成的不同，把经济一体化组织分为 3 类：①发达国家型，即由发达国家组建的经济一体化组织，典型的如欧洲联盟；②发展中国家型，即由发展中国家组成的经济一体化组织，如东南亚国家联盟；③南北型，即由发达国家和发展中国家共同组建的经济一体化组织，如北美自由贸易协定。这 3 类组织虽然形式上有相似之处，但目标、运行机制、发展历程等都有明显不同。

第二节　目前主要的国际区域经济一体化组织

据 WTO 统计，区域经济一体化的组织目前世界上有近两百个。这显然难以介绍全面，因此我们遴选了几个具有代表性的组织，如北美自由贸易区、欧盟、东盟和亚太经合组织。

一、北美自由贸易协定

北美自由贸易区是较为成熟的贸易区，其前身是《美加自由贸易协定》。因此，北美自由贸易区协定主要是针对墨西哥对美国、加拿大的贸易壁垒，其主要内容是削弱墨西哥与美国和加拿大之间的关税和非关税壁垒，三国互相开放服务贸易，为与贸易有关的投资提供便利，实行原产地原则。

（一）北美自由贸易协定的基本内容

1. 贸易自由化

贸易自由化是北美自由贸易区协定的主要内容。因此，北美自由贸易区协定的重点内容是消除三国之间的关税壁垒。NAFTA 协议以 1991 年 7 月 1 日的税率为基准，针对不同的类型，分立即、5 年、10 年 3 个档次逐步消除关税壁垒，还有一些项目则要求在 15 年以内消除。鉴于摩西哥发展的实际情况，美国、加拿大两国在关税削减幅度上做出了让步，墨西哥则就非关税壁垒方面做出了让步。

2. 放宽对外投资的限制

投资是另外一个 NAFTA 关注的重点问题。NAFTA 协议规定成员国不能对其境内投资规定经营条件，保障成员国投资者的投资自由，不得征用成员国企业的投资。依照协定，各成员国企业可以相互在他国设立金融机构。

3. 广泛领域的合作

NAFTA 确立的目的是加强三方的合作，从而加快三国的共同发展。因此，NAFTA 在确立消除三国的贸易壁垒和加强投资以后，三国将注重知识产权保护、环境和劳务等方面的合作。在知识产权保护方面，NAFTA 参照 GATT 的原则，适当保护知识产权。三国还制定了 NAALC 和 NAAEC，促进了环境和劳务之间的持续合作。

4. 建立强有力的组织机构

NAFTA 为了保障公约的有效运行，建立了强有力的组织监管机构，确保三国可以按照约定持续进行贸易。贸易机构主要北美自由贸易区委员会(主要负责评审和监管三国间的贸易关系并进行贸易问题研究)、秘书处(为自由贸易委员会提供帮助并对其他行政部门进行支持)、专家组(就某一特定领域提供咨询意见)。

(二) 北美自由贸易区的特点

1. "南""北"共存性特点

虽然参与 NAFTA 的国家数量特别少，但是都比较具有代表性。美国是世界第一大经济体，加拿大是发达工业国，墨西哥则是发展中国家。因此在 NAFTA 中，既有美国、加拿大之间的水平形态的经济合作与竞争，又存在美国、加拿大和墨西哥之间的垂直形态竞争与合作。

2. 美国一国主导性特点

毋庸置疑，美国在北美自由贸易区之中处于一家独大的地位，占据绝对的主导和支配地位。从数据统计来看，美国占优势的领域主要有人口、GDP、科技、生产要素等。墨西哥和加拿大有很大一部分进口都依赖于北美自由贸易区，而美国则不然。

3. 经济互补特点

由于美国在经济上处于绝对主导地位，因此也是技术领先国，而加拿大在技术上则又比墨西哥先进。因此，三国在贸易上存在明显的互补特点。墨西哥拥有大量的廉价劳动力和丰富的资源，弥补了美国和加拿大的需求，美国有先进的技术和雄厚的资本向其他两国输出，加拿大则在资源和技术上占有一定的优势。

二、欧盟

欧盟是当前发展相对完善的区域经济共同体组织，对各个地区经济一体化发展都有借鉴意义。

（一）欧盟的发展目标

欧盟初期的目标是避免欧洲的冲突、流血事件和破坏事件的发生，维护欧洲的和平与发展。具体目标为保证和巩固和平，实现对全体人民有益的经济一体化，向政治联盟迈进。

欧盟在成立条款中阐明了自己的目标：通过实施共同政策或者行动，建立共同市场和经济货币联盟；推动共同体经济活动的和谐、平衡和可持续发展；保持高就业水平和社会保障制度；男女平等；可持续和没有通货膨胀的经济增长；公平竞争和缩小经济发展差距；保护和提高环境质量；提高生活标准和质量；加强成员国之间经济和社会方面的凝聚力，加强团结。

从欧盟的条款所确定的目标来看，它主要是建立共同市场和经济货币联盟，其他方面都是与主要目标相关的具体描述。

尽管欧盟条约没有涉及欧盟的政治一体化，但欧盟的开拓者却认为，经济一体化必然导致政治的一体化。经济一体化不是欧洲联合的最终目标，而是通过欧洲的经济一体化推动欧洲的政治一体化，因此欧洲联盟的根本目标是政治一体化。

（二）欧盟的运作原则

从《马斯特里赫特条约》分析，欧盟的运作原则基本是按照 CU 性质和目标制定的，概括起来有以下 4 个方面：

1. 实施共同政策和活动

按照欧盟条约和欧盟制定的时间表，实施共同的经济政策和活动，包括关税、进出口产品质量、共同的商业政策、内部市场自由化等。

2．市场开放与自由竞争的原则

实施欧盟对外经济政策、推动共同目标的实现、建立单一的货币等，都应该遵循市场开放与自由竞争的基本原则。

3．稳定发展的原则

稳定是欧盟发展的基础，包括价格稳定、财政收支平衡、稳定的货币政策、平衡的国际收支等。

4．辅助原则

辅助原则的主要内容是，当行动目标无法由成员国完成时，共同体才可以采取行动；出于规模和效果的原因，如果共同体采取行动能更好达到目标时，共同体才可以采取行动；不允许共同体采取与条约目标内容不一致的任何行动。

（三）欧盟的运作机制

欧盟为了实现自己的目标，强化了运作机制，以实行共同的对内对外政策。欧盟运作机制的构成机构包括欧盟议会、欧盟理事会、执行委员会、欧洲议会和欧洲法院等。

欧洲议会由欧共体各国人民的代表经各国普选直接产生、欧盟议会的行为是独立的，不受任何政党或政府指示或命令的限制，议会议员不得同时担任其他机构的工作。欧洲议会是欧盟的监督、评议和咨询机构。

欧盟理事会部长级会议由各成员国相关领域的部长组成。部长理事会针对欧洲议会和执委会的各项提案制定政策，保证欧盟目标的实现。

欧洲执行委员会是欧盟的执行机构，其首要职能是维护欧盟条约的贯彻执行。

欧洲法院的基本职能是解释欧盟条约，并维护各成员国所执行的法律与共同体法律的一致性。对未能认真执行共同体的有关法律制度的行为，法院将做出裁决，进而实施惩罚。

欧洲审计法院的主要职能是根据欧洲联盟的法律和规定，审查欧盟财务的所有收入和支出，协助欧盟执行委员会完成每年呈送给理事会和议会的预算执行情况报告。

(四) 欧盟的运作内容

1. 贸易投资自由化和便利化领域的内容

在贸易投资自由化和便利化方面，欧盟发展的速度比较快，实现了商品、投资、服务、资金、劳动力的自由流动。

(1) 关税政策。欧盟的关税政策体现在两个方面：一是取消成员国之间限制商品流动的关税及其他有相同效应的收费；二是欧盟各成员国建立关税同盟，并实行统一的对外关税。

(2) 非关税政策。欧盟协定取消欧盟成员国间进出口数量限制及有相同效应的措施。

(3) 投资政策。欧盟协定规定，取消所有成员国间及成员国和第三国间关于资本自由流动的限制措施。

(4) 服务。取消对成员国国民在同盟内自由提供服务的限制。该服务通常以获得报酬为目的，并且不受涉及商品、资本和劳动力自由流动条款的影响。

(5) 竞争政策。取消影响成员国间开展贸易，阻止、限制或扭曲共同市场竞争的有关协定、决议和惯例。

(6) 争端解决。法院对成员国之间的任何争端都有司法权，前提是向法院提交双方协商确定的专门协议。

(7) 知识产权保护。关于商品贸易的相关条款也适用于服务贸易和与贸易有关的知识产权。

(8) 一般性例外。竞争规则中，要求废除和共同市场不相容的协定、决议和惯例的条款。

(9) 标准与一致化。欧盟应重视公开国家公共协定，界定公共标准，减少影响合作的法律和财政障碍。

(10) 海关程序。欧盟理事会应采取措施加强成员国间以及成员国和委员会之间的海关合作，且不涉及国家刑法和司法的适用问题。

(11) 劳动力流动。保护同盟内劳动力自由流动，但是需要废除任何关于就业、报酬和其他工作就业条件的民族歧视。

(12) 国际收支。取消所有成员国间及成员国和第三国间关于国际收支的限制措施。

2．统一管理与共同的经济政策

由于欧盟的性质是关税同盟，内部为经济共同体，实现了货币和市场的统一，所以统一管理是必然的选择，同时实行一些共同的经济政策。

(1) 管理权让渡。欧盟内各成员国致力于建立共同的贸易政策、共同的农业政策、共同的运输政策等，为此必然产生各成员国管理权的让渡。

(2) 统一货币。欧洲中央银行授权在同盟内发行纸币，该纸币具有唯一法定货币地位。

(3) 政府财政要求。成员国应避免形成过度财政赤字。任何成员国对其他成员国产品征收的国内税不得超过对本国相似产品征收的税收，也不能借此对他国产品形成保护。

(4) 环境保护。环境保护政策主要致力于保护和改善环境质量、保护人类健康、合理利用自然资源、采取措施处理区域和全球环境问题。

三、亚太经合组织

亚太经合组织是世界最活跃地区最大的区域经济组织。亚太经合组织以推动多边自由贸易和投资、促进区域经济增长为宗旨，奉行自主自愿、协商一致的合作原则。

亚太经合组织自成立以来积极推动亚太地区贸易投资自由化，加强组织成员间经济、技术合作，对促进地区经济发展和共同繁荣做出了重要贡献。

(一) 亚太经合组织合作模式的独特性

APEC 的合作模式是 APEC 区别于其他区域经济组织的特殊运作机制。APEC 方式在 APEC 发展中产生，适应了推动 APEC 发展的客观要求，并对 APEC 成员产生了巨大的聚合力。

1. 承认多样性，强调灵活性、渐进性和开放性

APEC 成员经济发展的多样性包括经济发展方式的多样性、市场开放程度的多样性、产业结构不同决定的产品多样性、综合国力多样性、生活方式与文化及政治体制等方面的多样性，等等。这些多样性决定了 APEC 方式的灵活性、渐进性和开放性，直接影响到 APEC 目标时间表的灵活性和贸易投资自由化进程的灵活性。

2. 相互尊重、平等互利、协商一致、自主自愿

APEC 成员经济发展的多样性和差距要求 APEC 的所有成员必须相互尊重，不应存在歧视行为。在相互尊重基础上的合作原则是平等互利。这种合作模式改变了"南""北"合作中带有援助性的、一定程度上体现歧视性的合作方式。APEC 的合作旨在使合作各方受益，建立平等互利的新型伙伴关系。

协商一致是平等的具体化，是 APEC 方式的创新，摒弃了谈判体制而采取协商方式。WTO 和其他具有约束性区域经济组织的运作模式是在谈判基础上形成法律框架，在法律框架内实施谈判内容；APEC 方式是在协商一致基础上，各成员为达到共同目标而采取自主行动。协商一致原则使 APEC 区别于其他区域经济合作，既不存在超国家决策，也不存在国家和民族权力的让渡。

自主自愿原则使 APEC 成员容易在协商中达成一致，这种一致性充分尊重了各国的多样性，承诺后的贸易投资自由化进程可以适时调整，在实现 APEC 的目标和行动路线时对各成员国不要求一致性。

3. 单边行动计划和集体行动计划相结合

单边行动计划和集体行动计划的目标都是为了实现《大阪行动议程》所确立的

目标。协商一致的具体体现是集体行动计划，自主自愿的具体体现是单边行动计划，因此，单边行动计划和集体行动计划相互促进补充是 APEC 方式的具体实施机制。

（二）亚太经合组织投资自由化和便利化的内容框架

1. 贸易投资自由化的内容

（1）贸易自由化。贸易自由化目标包括关税减让、非关税措施减少或消除和服务领域的市场准入三个方面。关税减让是 APEC 实现贸易自由化的重要途径，目标包括逐步削减关税，确保 APEC 关税制度的透明度，削减过程中关税减让不被非正当措施的使用破坏等。非关税措施方面的目标是逐步削减非关税措施，确保 APEC 成员各种非关税措施的透明度。非关税措施主要包括数量性进出口限制或禁止、最低进出口限制、进出口许可证、自动出口限制、出口补贴等。服务领域的自由化目标是逐步减少服务贸易市场准入限制，逐步为服务贸易提供最惠国待遇和国民待遇。服务贸易主要包括电信、交通、能源、旅游 4 个方面，APEC 提出了在这 4 个方面的集体行动计划。

（2）投资的自由化。在投资领域实现自由化的重要途径是通过逐步提高最惠国待遇和国民待遇以及确保透明度，使 APEC 成员各自的投资制度和整个 APEC 投资环境自由化；通过技术援助和合作促进投资活动，以实现上述目标。APEC 成员的行动准则是利用 WTO 协议、APEC 非歧视性投资原则、其他有关国际协议及任何在 APEC 内制定并一致同意的准则作为初步框架，逐步减少或消除实现上述目标的例外和限制；探讨 APEC 双边投资协议网络的扩大。该领域的集体行动包括：采取措施增加 APEC 投资制度的透明度；促进与投资环境有关的 APEC 商业团体间可持续的对话机制；短期内同经济合作发展组织(OECD)和其他参与全球及区域投资问题的国际论坛建立对话机制。

2. 贸易投资便利化的内容

贸易自由化是通过削减关税、非关税壁垒等手段实现国际贸易的自由和开放。贸易便利化是为了清除国际交易过程中的机制性和技术性障碍，减少交易成本和困难。APEC 在 1995 年《大阪行动议程》中指出，"由于自由化和便利化在实现亚太地区自由、开放的贸易目标具有不可分割的性质，两者应该被一起看待"。目前，越界关税总体水平已经大幅度下降，这极大地促进了国际贸易发展。但是，跨境交易中涉及的卫生、健康、安全以及各种技术标准、专业资格认证和签证手续等问题造成了许多贸易障碍。仅仅推动贸易自由化不足以带来贸易的扩大，需要将贸易自由化和便利化的措施结合起来，才能在亚太地区实现贸易自由化的长远目标。

《大阪行动议程》第一次将贸易投资便利化的内容具体化。2001 年 APEC 领导人非正式会议达成的《上海共识》要求拓展和更新《大阪行动议程》，而《APEC 贸易便利化原则》是对其基本原则的重要补充。便利化涉及的领域几乎包括了贸易投资过程的所有环节，但 APEC 的工作主要集中在 11 个领域，其中也包括一些自由化内容：

(1) 标准和一致化，即要求成员采用的标准和措施符合 APEC 要求以及 WTO 协议附属的技术贸易壁垒协议和卫生与动植物检疫措施协议的内容；

(2) 海关程序，即要求成员统一关税术语，共享信息，提高海关程序电脑化程变，协调海关估价制度；

(3) 知识产权，即要求对亚太地区知识产权充分有效的立法、管理和执行；

(4) 竞争政策，即改善亚太地区竞争环境，加强生产者、贸易者之间的竞争以保证消费者的利益；

(5) 政府采购，即实现亚太地区政府采购市场的自由化；

(6) 放松管制，即要求每一个成员消除由于国内规章条例所引起的贸易扭曲；

(7) 原产地原则，即要求成员与国际统一的原产地规则相一致；

(8) 争端调节，即鼓励成员尽早通过合作方式处理争端问题，预防对抗和对抗升级；

(9) 商业人员流动，即鼓励加强贸易人员的流动；

(10) 乌拉圭回合结果的执行，即要求 WTO 中的 APEC 成员充分忠实地执行其在乌拉圭回合中的承诺；

(11) 信息收集与分析，即建立有关贸易数据库。

第三节　区域经济一体化对国际贸易的影响

一、区域经济一体化对国际市场的积极影响

分析区域经济一体化对当前国际贸易带来了一定的积极影响，其存在于多个层面之中，所以还应当分层次的对其影响的效应进行系统化的分析，以制定出更好更健全的发展政策。

（一）区域经济一体化对国际贸易增长的积极效应

首先区域经济一体化的发展全面地促进了区域范围之内的国际贸易增长，使得中国相关企业的贸易数量以及规模不断增加。在不同层次的区域经济一体化建设过程之中通过对关税的免除以及对相关税务的削减，使得贸易过程之中的种种限制性条件被全面的消除，再加上相关区域性的市场统一发展，所以，中国当前国际贸易市场之中相关企业的发展不断地转变成为纵深发展的局面，在当前繁荣的发展景象之下国际市场发展速度的不断加快，使得经济相互的依赖程度不断加深，并且上述的现状也全面地导致了各个国家成员之间成品贸易的不断转变。也正是因为上述的因素，使得当前国际贸易范围之内相关贸易数量和规模在不断增加，在集团企业内部之中对外贸易的数量也在不断增加，所占据的份额在不断提升。所以，区域经济一体化的发展使得国际贸易的建设进入到了一个崭新的阶段之中，为广大企业的发展带来了重大的积极影响。

（二）区域经济一体化对促进技术合作和国际分工的积极影响

同时，当前区域经济一体化的发展趋势还可以全面地促进区域经济范围之内

的技术合作以及工作上的分工，最终使得企业的建设可以进入到一个相当关键的时期。区域经济一体化的发展使得当前产业结构化的优化组合成为发展的趋势，同时区域经济一体化的建设以及制度的健全还可以使得各个成员国之间的科学技发展更加协调、使得技的建设以及分工合作更加明确。在当前各个成员国相关机构的组织以及推动过程之中，成员国可以依靠团体的力量，在多个领域，诸如航空航天技、大型电子计算机技、原子能利用技以及尖端科学领域之中的发展进入到一个相当关键的阶段。所以，区域经济一体化的发展使得企业之内的重新组合以及提升自身竞争力等提供了良好的机会，通过企业之间的合作，可以不断地提升企业的运作效益，进而实现了产业结构以及产业发展规划的全面调整。

（三）区域经济一体化对国际贸易自由化发展的积极影响

最后当前区域经济一体化的发展局面也使得区域经济之内的贸易更加自由化，全面进入了一个自由化的发展阶段之中。由于区域经济一体化的不断发展，使得各种类型优惠协议的签定成为可能，并且在企业集团之内，相关关税的减免以及相关协议的改善，也可以全面地、有效地、系统化地取消其中数量上的限制，实现了对关税壁垒的削减，最终使得外汇的管理更加宽松，也正是因为上述的影响因素，区域经济一体化的发展可以在很大程度上使得国际贸易全面地迈入自由化的发展阶段。

二、区域经济一体化对国际贸易市场的消极影响分析

除了上述分析的区域经济一体化对于国际贸易产生的积极影响之外，在实践之中，区域经济一体化对于相关贸易活动的开展也产生了一定的消极影响。所以，还应当很好地克服其中的不利因素，使得国际贸易的发展真正意义上进入相对平稳的轨道之中。

首先，需要注意的是当前区域经济一体化的不断向前发展使得国际贸易活动

的开展出现了一定的阻碍，同时对于相关贸易活动的全球化发展也产生了重大的不良影响。由于区域经济一体化发展和建设过程之中各种优惠政策的出现，同时由于相关优惠政策仅仅局限在各个成员国之间，所以对外的贸易发展进入到了一个滞后的阶段之中，各个国家之间依然维持有一定程度的贸易壁垒。所以，对于非成员国的贸易发展以及建设扩张等产生了一定的影响，并且对于贸易全球化的发展也产生了一定的不良影响。针对上述问题还应当加以深刻地重视和细致地分析。着重的强调区域经济一体化发展对于国际贸易所产生的重大影响。

其次，需要注意的是当前区域经济一体化的发展建设局面使得发展中国家的建设进入一个不利的阶段。工业技术的发展，对于本国的贸易产生了不利影响，使得企业缺乏强有力的竞争力出口产品，同时大量的国外资本的流入，也使得国家内部容易产生一定贸易壁垒，故而难以避免地产生了不良影响。

第四节　中国与区域贸易协定

区域经济一体化已成为国际贸易发展的必然趋势，中国也正在积极地参与区域经济一体化的发展进程。从目前区域经济一体化发展的情况来看，中国参与的区域经济一体化主要有两个层面：一是中国与周边国家的区域经济一体化，主要指中国与东南亚、南亚、中亚、东北亚一些国家的区域经济一体化；二是中国参与世界其他国家的区域经济一体化，最具代表性的则是 APEC。

区域经济一体化对中国经济的发展意义重大。一方面，区域经济一体化有助于中国与周边国家的睦邻友好关系；另一方面，区域经济一体化能够推动中国经济转型，提升地区经济影响力。

一、中国与东盟

伴随着世界经济全球化和区域经济一体化的发展，中国—东盟自由贸易区(简称 CAFTA，下同)应运而生。欧盟经济合作的成功，北美自由贸易区的成功发展给东盟自由贸易区的发展提供了良好的借鉴。中国作为地区最大发展中国家，如果不参与其中将会丧失良好的发展机遇。

2000 年，在新加坡召开的第四次中国和东盟领导人会上，中国领导人主动提出了与东盟国家建立自由贸易区的设想。经过多次的调研和协商，双方最终于 2002 年 11 月在柬埔寨首都金边举行的中国—东盟(10+1)峰会上签署了《中华人民共和国与东南亚国家联盟全面经济合作框架协议》(简称《框架协议》，下同)，正式确定在 2010 年建成中国—东盟自由贸易区。CAFTA 建成后，将是一个拥有 18 亿消费者、国内生产总值约 3 万亿美元、贸易总额达 1.2 亿美元的经济区域，这是一个世界上人口最多的自由贸易区，也是中国自加入 WTO 后，正式加入的第一个区域经济一体化组织。根据《框架协议》，中国和东盟的部分国家从 2004 年开始实施"早期收获"计划，并在 2006 年完成了第一批废除关税计划，此后中国和东盟国家不断削减关税，在 2010 年，中国和东盟 6 个老成员国的关税基本降为零，考虑到东盟新四国的经济发展水平较低，东盟新四国到 2015 年关税基本降为零。

通过 CAFTA 近几年来的建设，双方的合作得到不断加强，合作的领域不断加深，特别是大湄公河次区域经济合作也进展顺利。

中国和东盟国家有着良好的地缘优势，并且有好几个国家与中国接壤，边界线较长，在历史上一直具有良好的合作关系，近代以来，由于某些原因，中国和东盟国家发生过一些冲突，在一定程度上影响了合作的进展。

此外，根据《框架协议》，中国和东盟在农业、信息产业、人力资源开发、相互投资和湄公河流域开发五个优先领域进行了合作。至目前为止，双方的合作都取得了重大的进展，并且合作领域在未来会向其他领域扩展。在政治上，中国和东盟各国国内保持相对稳定，各国之间睦邻友好，领导人互访频繁，给自由贸易区的发展提供了一个和平稳定的环境氛围，有利于自由贸易区的进一步发展和完善。

大湄公河次区域合作(简称 GMS，下同)也是中国和东盟有关国家合作的一个重要内容。GMS 共有三大合作机制，分别是亚洲开发银行大湄公河次区域合作、东盟一湄公河流域开发合作、湄公河委员会。其中，亚洲开发银行大湄公河次区域合作是湄公河开发 3 个国际合作机制中起步较早，并取得实质性进展的机制。GMS 共涉及 7 个合作领域，包括交通、能源、电讯、环境、旅游、人力资源开发以及贸易与投资等。

二、中国与南亚

中国和南亚是世界上两个人口最多的国家和地区，并且南亚与中国西南地区毗邻。冷战后，南亚战略态势的变化使中国同南亚有关国家改善和发展关系的一些制约因素逐步消失、矛盾逐步化解，中国和南亚发展双边关系的可能性大大增加，经贸合作也大大加强。

从 20 世纪末开始，中国与南亚国家关系进入迅速发展期。1999 年 8 月，孟加拉国、中国、印度、缅甸 4 个国家的学者齐聚中国昆明，召开了第一届"孟中印缅地区经济合作与发展国际研讨会"，共同发表了《昆明倡议》，提出要加强区域经济合作。2004 年 12 月第五次论坛在昆明召开，各方签署了《昆明合作宣言》，并在昆明设立了孟中印缅经济合作协调办公室。

2005 年 4 月，时任总理温家宝对南亚四国进行了正式访问并取得了丰硕的成果，中巴、中印宣布确立战略合作伙伴关系，中孟、中斯宣布确立全面合作伙伴关系。2006 年 11 月，时任国家主席胡锦涛分别对印度和巴基斯坦等国进行了访问。中国与印度共同发表了《联合宣言》，签署了一系列的合作协议，强调要加强双方在各个领域的合作。中国和巴基斯坦发表了《中华人民共和国与巴基斯坦伊斯兰共和国联合声明》，双方签署了一系列的合作协议，其中最重要的是中国和巴基斯坦签署了《中华人民共和国政府和巴基斯坦伊斯兰共和国政府自由贸易协定》，两国成立了自由贸易区。

2013 年 5 月，李克强总理访问印度和巴基斯坦，并在印度发表署名文章《跨越喜马拉雅的握手》，同时与印度总理辛格、巴基斯坦总理霍索签署一系列经贸合作协议。

通过中国与南亚国家的不断努力，近年来中国与南亚合作进展顺利，双方的贸易额不断增加，在投资、承包工程、劳务输出合作等方面也取得了重要的进展，但是中国与南亚的合作主要是由政府推动的，民间的合作与联系相对较少，而且中国与南亚之间缺乏大型的合作项目，导致双方的合作难以快速推进。虽然中国与南亚之间有孟中印缅的区域合作，但是这个合作是由地方政府推动的，还没有提升到国家层面上来，缺乏国家的支持，导致进展缓慢，主要还停留在双方举行论坛的合作阶段，难以取得突破性进展。中国与南亚各成员国的合作存在着较大差距，印度是中国在南亚的第一大合作伙伴，双边贸易额占中国对南亚的大部分，其次是巴基斯坦。但是中国与其他的国家合作相对较少，这主要是由这些国家的产业结构造成的。

三、中国与中亚

中亚国家主要有哈萨克斯坦、乌兹别克斯坦、吉尔吉斯斯坦、土库曼斯坦和塔吉克斯坦 5 个国家，总面积约为 400 万平方公里。中亚国家地理位置十分重要，是"丝绸之路经济带"的重要一环。中亚还是中国进行西部大开发的有力支持。

中国与中亚的经济合作始于 2001 年。2001 年 6 月 15 日中国与俄罗斯、哈萨克斯坦、乌兹别克斯坦、吉尔吉斯斯坦和塔吉克斯坦 6 国元首成立了一个地区性国际组织——上海合作组织。上海合作组织成立之初，在倡导新安全观的同时，还把区域经济合作作为优先发展的方向之一。2003 年 9 月，成员国总理在北京第二次会晤时批准了《上海合作组织成员国多边经贸合作纲要》，这为 6 国的经济合作奠定了重要的法律基础，标志着上海合作组织区域经济合作开始步入正轨。

2014 年，中国推动"一带一路"经济发展战略，前期调研工作正在进行。据发改委秘书长李朴民介绍说，中国将加强与沿线国家八个重点领域的合作，分别是促进基础设施互联互通、提升经贸合作水平、拓宽产业投资合作、深化能源资源合作、拓展金融合作领域、密切人文交流合作、加强生态环境合作、积极推进海上合作。由此来看，中国与中亚以后的经济合作中还有很广阔的前景可以开拓。

四、中国与东北亚

当前，东北亚是全球经济中最具活力和发展潜力的地区之一，区域 GDP 约占世界的 1/5，占亚洲的 70%以上。随着经济全球化进程的加快，东北亚地区的经济一体化合作正在发生新的变化。

中国与东北亚的合作历史悠久，近年来双方的合作不断增强，贸易量逐渐增加，但是中国与东北亚国家至今还没有形成较为完善的合作机制，合作主要是由各国地方政府和民间交流来推动，因此中国与东北亚的这种合作相对较为松散，但是这种合作形式在国家层面上的合作难以取得重大进展的情况下对推动中国与东北亚国家的合作进程起了重要的作用。

随着经济全球化和区域一体化的加快，各国政府意识到地方政府合作已经不能满足各国经济发展的需要，而必须从国家层面上来加强各国的经济合作。在这种背景下，各国都采取了积极的步骤，加强区域经济合作，积极推动图们江国际经济合作项目的多边经济合作。1995 年，中俄草签了《关于建立图们江地区协调委员会的协议》；12 月，中俄韩朝蒙 5 国副外长签署了《关于建立东北亚和图们江开发区协调委员会的协定》和《关于东北亚和图们江开发区环境标准详解备忘录》；2001 年 6 月，在蒙古首都乌兰巴托举行了一次东北亚地区合作国际研讨会，讨论了水资源、能源、矿产资源开发合作以及蒙古在东北亚合作中的作用问题；2002 年 5 月，在中国威海举行的东北亚经济论坛上，中外学者不仅提出了建立东北亚开发银行以解决建设资金的构想，还提出了加强东北亚国家在直接投资、司法、环境、能源、交通、教育、学术交流等方面的合作。通过这些合作，中国与东北亚国家逐渐建立起了多边合作机制，有力地促进了中国与东北亚的一体化合作。

2012 年，中日韩启动自由贸易协定谈判，三方约定将在 2013 年进行 3 轮谈判。中国、韩国与日本之间的谈判因为历史原因一度搁置。但是并没有影响到中国与韩国之间的谈判进程，至 2014 年，中国与韩国的自由贸易谈判达成一致，这对于建立全球最大的亚太自贸区来说试一次成功的外交磋商。

参 考 文 献

毕红毅. 2006. 跨国公司经营理论与实务[M]. 北京：经济科学出版社.

秉强. 2007. 世界经济概论[M]. 大连：大连理工大学出版社.

蔡玉彬. 2008. 国际贸易理论与实务[M]. 北京：高等教育出版社.

陈东林. 2000. 中国加入世贸组织 300 问[M]. 上海：三联书店.

陈同仇, 薛荣久. 2003. 国际贸易[M]. 北京：对外经济贸易大学出版社.

陈宪, 韦金鸾, 等. 2004. 国际贸易理论与实务[M]. 北京：高等教育出版社.

陈岩. 2007. 国际贸易理论与实务[M]. 北京：清华大学出版社.

俄林. 1986. 地区间贸易和国际贸易[M]. 北京：商务印书馆.

冯德连, 徐松. 2009. 国际贸易教程[M]. 北京：高等教育出版社.

郭波. 2009. 国际贸易：理论与政策[M]. 北京：中国社会科学出版社.

郭越. 2015. 浅谈新时期国际贸易支付方式的选择[J]. 商场现代化(15).

海闻. 2003. 国际贸易：理论·政策·实践[M]. 上海：上海人民出版社.

贺慧芳. 2018. 欧亚经济联盟成立对其中国贸易影响及对策[J]. 改革与战略(09).

贾建华, 阚宏. 2008. 国际贸易理论与实务[M]. 北京：首都经济贸易大学出版社.

贾金思, 姚东旭, 郎丽华. 2005. 国际贸易：理论·政策·实务[M]. 北京：首都经济贸易大学出版社.

赖景生, 陈跃雪. 2002. 国际贸易理论与实务[M]. 北京：中国农业出版社.

黎孝先. 2010. 国际贸易实务[M]. 北京：对外经济贸易大学出版社.

李小北, 等. 2004. 国际贸易学[M]. 北京：经济管理出版社.

李雁玲．2011．国际贸易理论与实务[M]．北京：机械工业出版社．

林康．2000．跨国公司与跨同经营[M]．北京：对外经济贸易大学出版社．

凌廷友．2013．国际贸易理论与政策[M]．成都：西南财经大学出版社．

刘峰．2007．国际贸易付款方式的理性选择[J]．莆田学院学报(04)．

刘惠芳．2014．国际贸易理论政策与实务[M]．北京：中国经济出版社．

刘庆林，孙中伟．2003．国际贸易理论与实务[M]．北京：人民邮电出版社．

卢进勇，杜奇华．2006．国际经济合作[M]．北京：对外经济贸易大学出版社．

马丁，张建辉．2010．国际贸易理论与实务[M]．北京：清华大学出版社．

马克思，恩格斯．1995．马克思恩格斯全集(第26卷)[C]．中共编译局编译．北京：人民出版社．

祁敬宇．2009．金融监管学．大连：东北财经大学出版社．

任丽萍．2008．国际贸易理论与实务[M]．北京：北京交通大学出版社．

商务部．2012．关于加快转变外贸发展方式的指导意见[N]．新华社(2)．

盛洪昌．2003．国际贸易[M]．北京：中国时代经济出版社．

孙睦优．2009．国际贸易学[M]．武汉：武汉大学出版社．

王厚双．2003．国际贸易政策呈周期性变化的原因探讨[J]．国际经贸探索(01)．

王明明．2003．国际贸易理论与实务[M]．北京：机械工业出版社．

王涛生，戴晓红．2004．国际贸易实务[M]．长沙：中南大学出版社．

王雪．2006．对外贸易运输风险及防范[J]．中国市场(10)．

温明，李克华．2014．国际贸易支付方式变化趋势的研究[J]．现代经济(10)．

吴国新．2004．国际贸易：理论·政策·实务[M]．上海：上海交通大学出版社．

吴汉嵩．2010．国际贸易学[M]．广州：暨南大学出版社．

夏英祝，郑兰祥．2012．国际贸易与国际金融[M]．合肥：安徽大学出版社．

项义军．2004．国际贸易[M]．北京：经济科学出版社．

徐忠海．2001．国际贸易理论与实务[M]．北京：知识产权出版社．

薛荣久．2003．国际贸易[M]．北京：对外经济贸易大学出版社．

闫红珍，董西琳．2005．国际贸易理论[M]．北京：科学出版社．

杨琪. 2011. 2010 年国际贸易术语解释通则的变化及贸易术语的合理选择[J]，经营管理者(05).

叶小燕. 2009. 国际贸易惯例与国际贸易法律的比较[J]，经营管理者(17).

喻志军. 2006. 国际贸易理论与战略[M]. 北京：企业管理出版社.

张建辉，宋丽芝. 2010. 国际贸易理论与实务[M]. 北京：清华大学出版社.

张林，张春华. 2004. 国际贸易理论与政策[M]. 北京：科学出版社.

张卿. 2005. 国际贸易实务[M]. 北京：对外经济贸易大学出版社.

张相文，曹亮. 2011. 国际贸易理论与实务[M]. 武汉：武汉大学出版社.

张亦春. 2007. 现代金融市场学. 北京：中国金融出版社.

张幼文，金芳. 2006. 世界经济学[M]. 上海：立信会计出版社.

赵春明. 2003. 国际贸易学[M]. 北京：石油工业出版社.

卓骏. 2010. 国际贸易理论与实务[M]. 北京：机械工业出版社.

祖蕾. 2015. 欧盟金融服务一体化背景下的监管政策效果分析[J]. 湖湘论坛(02).

(美)迈克尔·波特著. 2002. 国家竞争优势[M]. 李明轩，邱如美，译. 北京：华夏出版社.